Chefsache Menschlichkeit

EBOOK INSIDE

Die Zugangsinformationen zum eBook inside finden Sie
am Ende des Buchs.

Peter Buchenau · Claus Walter

Chefsache Menschlichkeit

So gelingt humane Digitalisierung

Peter Buchenau
The Right Way GmbH
Waldbrunn, Deutschland

Claus Walter
CforC GmbH
Wetzikon, Schweiz

ISBN 978-3-658-14661-0
https://doi.org/10.1007/978-3-658-14662-7

ISBN 978-3-658-14662-7 (eBook)

Die Deutsche Nationalbibliothek verzeichnet diese Publikation in der Deutschen Nationalbibliografie; detaillierte bibliografische Daten sind im Internet über http://dnb.d-nb.de abrufbar.

© Springer Fachmedien Wiesbaden GmbH 2018

Einbandabbildung: fotolia.de

Gedruckt auf säurefreiem und chlorfrei gebleichtem Papier

Springer Gabler ist Teil von Springer Nature
Die eingetragene Gesellschaft ist Springer Fachmedien Wiesbaden GmbH
Die Anschrift der Gesellschaft ist: Abraham-Lincoln-Str. 46, 65189 Wiesbaden, Germany

Geleitwort unseres Bergführers

In den Bergen führt die Menschlichkeit

Als Bergführer betrachte ich das Führen von Menschen aus einer ganz eigenen Perspektive. Es ist eine anspruchsvolle Aufgabe. Fast immer liegt ein großer Teil der Verantwortung für Leib und Leben derer, die sich vertrauensvoll unter meine Leitung begeben haben, bei mir. Ohne ein hohes Maß an Menschlichkeit und sozialer Kompetenz ist das schlicht nicht machbar. Insbesondere dann, wenn die Meinungen auseinandergehen, Konflikte gut und schnell zu lösen sind.

Seit 14 Jahren bin ich nun als Bergführer tätig und stelle fest, dass sich die körperliche Verfassung meiner Tourenkunden zunehmend verschlechtert. Es fehlt ihnen hauptsächlich an Kondition und an der erforderlichen Beweglichkeit, um im Berggelände unterwegs zu sein. Viele überfordern sich mit der Schwierigkeit der Tour, dann braucht es oftmals ein strenges Wort, um sicher und mit der angemessenen Vorsicht weiter zu kommen.

Woher kommt das? Da wollen Kunden den Berg X besteigen, weil der gerade „in" ist, damit sie ihrem Umfeld beweisen können, wie „toll" und unerschrocken sie sind. Denn auch dort wie häufig im Beruf gilt: je höher, schneller und weiter, desto besser. Kein Wunder, dass manche da permanent am Limit laufen.

Bergführer Georg Leithner.
(Quelle: Georg Leithner)

Gerade dieses Spannungsfeld macht es für mich als Bergführer oft schwierig die passende Ansage zu machen. Wer unter großer Spannung steht, „zerreißt" schnell, hält manchmal erschreckend wenig aus. Und doch ist es unbedingt nötig, die Betreffenden mit der Realität zu konfrontieren, das gebietet schon die Wahrung der Sicherheit aller Beteiligten.

Deshalb wünsche ich mir eine gesunde Rückbesinnung auf mehr Menschlichkeit, man könnte auch sagen mehr Begegnung von Mensch zu Mensch. Auf ein Miteinander, bei dem Spaß, Freude und tolle Erlebnisse in der Natur wieder im Vordergrund stehen. Ganz besonders dort kommt der Mensch wieder zu sich selbst. Hier kann er seine ganzen emotionalen Belastungen abwerfen und wieder Kraft für den Alltag tanken. Oben in den Bergen kann jeder selbst erfahren, was wirklich zählt und was die wahren Werte sind.

Bergsteigen ist für mich eine Art Lebensschule, die jeden Menschen wieder mit seiner eigenen Persönlichkeit und Eigenverantwortung in Berührung bringt!

Berg Heil
Georg Leithner
(www.berg-handwerk.at)

Vorwort

Wir wollen Sie gerne **begeistern, beleben, bewegen und bereichern. Wie schaffen wir es,** damit Sie auch Lebens-Erfolge erzielen können?

Das haben wir, Peter Buchenau und Claus Walter, uns gefragt und Erfahrungen und Erkenntnisse von ganz vielen Seiten einzigartig und mit neuen Blickwinkeln für Sie zusammengestellt, von denen Sie als Mensch, Führungskraft und Vorbild profitieren können.

Unser Ansatz ist es: Spiegeln Sie sich selbst, bringen Sie sich mit Freude voran und entwickeln für sich „Aha-" und „Wow-Effekte". Ganz nach dem Motto „das habe ich noch nie so gehört . . . ist ja spannend" und nutzen Sie das sofort für sich und Ihre Aufgaben als Führungskraft.

Wir sind begeisterte Berggänger und verwenden als roten Faden in diesem Buch daher die einzelnen Stufen einer Bergwanderung oder Bergbesteigung. Gleichzeitig übernehmen wir die Rolle der Bergführer, um die Leserinnen und Leser sicher ans Ziel, in diesem Fall auf einen Berggipfel, zu bringen. Wir gehen mit Ihnen drei erlebnisreiche und ereignisreiche natürliche Stufen:

1. Der Start am Berg
2. Der Aufstieg vom Tal bis zum **Basislager**
3. Die **Vorbereitungen im Basislager zum Gipfelsturm** und
4. Die **Gipfelbesteigung** und danach die Besteigung weiterer (Abb. 1).

Sie kennen wahrscheinlich die positiven Gefühle, wenn Sie von einer Bergtour, Reise oder einem Abenteuerurlaub zurückgekehrt sind:

Sie sind danach begeisternd in Ihrer **Präsenz** dank Charisma, stark im **Auftritt** sowie kraftvoll ausstrahlend mit spürbaren nachhallenden **Wirkungen**. Sie sind wieder näher bei sich als Mensch angekommen und spüren sich wieder.

Dies ist der Wunsch einer jeden Führungskraft – gestärkt in der Persönlichkeit und dem Wesenskern wahrgenommen zu werden. Das erleichtert eine freie Werteorientierung hin zur Menschlichkeit und persönlichen Entfaltung. Präsenz und Wirkung sind dabei nur ein äußeres Ergebnis.

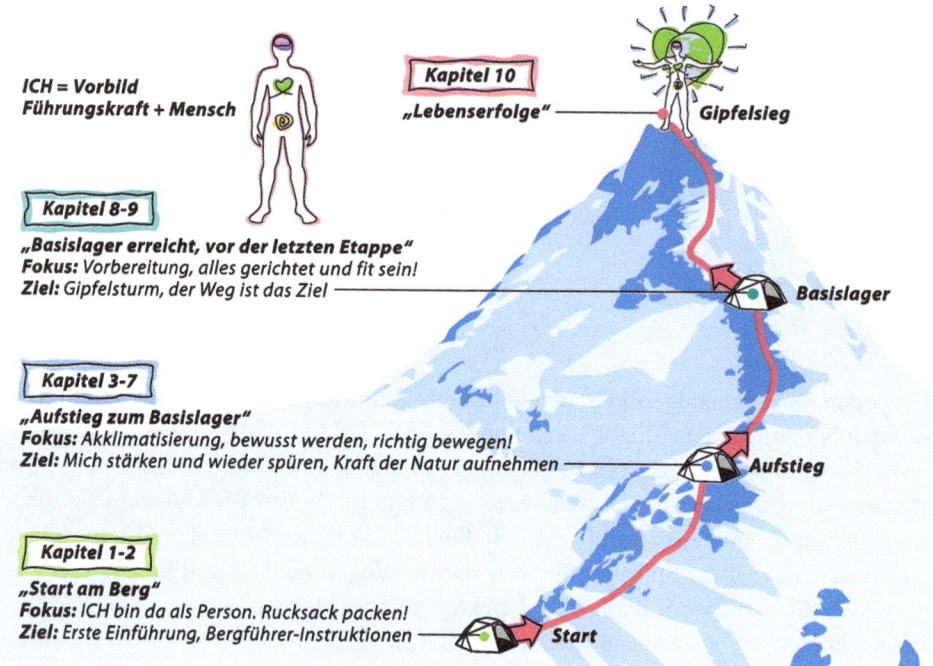

Abb. 1 Der Weg ist das Ziel zu Ihrem erfolgreichen Gipfel. (Quelle: C for C GmbH, Wetzikon, Schweiz)

Wir gehen neue Wege mit Ihnen und wollen Sie mit heutigem Wissen bereichern in Ihrer persönlichen Menschlichkeit. Wir haben in erfrischender Art und Weise Spannendes und sofort Anwendbares für Sie zusammengetragen.

Viel Freude beim Sich-begeistern-lassen wünschen Ihnen

Peter Buchenau und Claus Walter

> Wenn Dir jemand einen Stein in den Weg legt.
> Stehe darauf und genieße die Aussicht (Unbekannt)!

> Mit Steinen,
> die dir in den Weg gelegt werden,
> kannst du auch was Schönes bauen (Johann Wolfgang von Goethe).

Inhaltsverzeichnis

Wie wirkt Menschlichkeit?

Unsere Bergtour

Ich trete vor die Hütte. Es ist absolut ruhig und nur ein kalter Wind streicht über meine Wange. Ich schaue nach oben: Wow, so einen Sternenhimmel habe ich noch nie gesehen. Ich rufe zu Georg, unserem Bergführer: „Siehst Du den Sternenhimmel, das ist ja unwahrscheinlich." Georg strahlt auch und freut sich mit uns. Er sagt: „Ja, hier oben ist alles anders." Wir ziehen unsere Rucksäcke an und drücken unsere Schultern gegen die Rucksackträger. Es kommt eine tiefe Freude, Glück und Zufriedenheit in mir hoch. Das Kribbeln im Bauch, weil ich noch nie diese Tour und auf diesen Gipfel gegangen bin, beruhige ich damit, dass wir ja Georg dabeihaben, der sich hier auskennt. Wir sind ja auch gut vorbereitet worden von Georg. Ich schalte meine Stirnlampe ein und ziehe meine Handschuhe an. „Sind alle da. Habt ihr alles? Ich gehe voraus." „Juhu, auf geht's!" ruft Georg. Am Horizont ist ein leichtes erstes sanftes orangefarbenes Licht zu sehen. Wir laufen los. Ich konzentriere mich auf meinen Schritt und setze meine Füße Stein um Stein im Scheinwerferlicht meiner Lampe sicher auf den Boden. Unsere Lichterkette entfernt sich weg von der Hütte in den strahlend werdenden Tag hinein. Nachdem wir losgegangen sind, ist nichts wichtiger als wir selbst als Mensch mit unserem Körper. Die Gedanken können wir abschalten und nur auf unseren Atem und unsere Gefühle achten.

Jetzt sind wir unterwegs …

1.1 Der Mensch als Mittelpunkt

Ein Kunde teilte uns in einem Coaching die Betrachtung von ihm und seinem Unternehmen zum Thema Mensch im Unternehmen mit.

Hierzu zeigte er zwei Varianten auf:

Variante A: „Der Mensch als Mittel(punkt)."

Variante B: „Der Mensch als Mittelpunkt."

© Springer Fachmedien Wiesbaden GmbH 2018
P. Buchenau und C. Walter, *Chefsache Menschlichkeit*,
https://doi.org/10.1007/978-3-658-14662-7_1

Betrachte ich die Variante A, so fallen mir einige gewichtige Punkte ein, welche heute oft anzutreffen sind:

- Der Mensch ist keine „Excel-Tabelle" und kein Computer.
- Manche Führungskräfte verlangen vom Kopf her Dinge von einer Person, die vom Gefühl her nicht gehen oder gegen sie als Mensch arbeiten
- Es wird Druck aufgesetzt oder ausgeübt auf die Mitarbeitenden, um oft nur kurzfristige Profit- und Umsatzziele – nicht nachhaltige unternehmerische Ziele – zu erreichen

Mit Betrachtung der Variante B ergeben sich neue Blickwinkel, die wir in diesem Buch ausführlich aufzeigen werden:

- Der Mensch ist ein Bestandteil der Natur. Das hat sich noch nicht geändert und wird sich auch nicht ändern.
- Die Natur hat ihre eigenen energetischen Gesetze (Abschn. 4.5) und der Mensch als Bestandteil der Natur unterliegt auch diesen Gesetzen.
- So wie ich möchte wie man mit mir als Mensch umgeht, so sollte ich auch mit den anderen umgehen.

Ulrich Goldschmidt, Vorstandsvorsitzender des Verbands „Die Führungskräfte", hat dies in einem Interview auch auf den Punkt gebracht:

„Wenn wir sagen, dass bei Führung **der Mensch im Mittelpunkt steht**, muss genau dort, nämlich beim Menschen Führung stattfinden, sichtbar werden und Wirkung entfalten. Wir führen also nicht ‚die Arbeitnehmer', sondern mehr als früher ‚den einzelnen Mitarbeiter', der in seiner Individualität wahrgenommen und wertgeschätzt werden will."

Weiter führt er aus: „... individualisierte Führung wird umso schwieriger, je flexibler unsere Organisationen und die Arbeitswelt an sich werden. Trotzdem muss ich jedem Mitarbeiter das Gefühl geben, dass ich ihn persönlich wahrnehme und schätze. Führung wird dadurch aufwändiger und individualisierter" (Tödtmann 2016).

Dazu habe ich doch keine Zeit, so zu führen, würden viele Führungskräfte sagen. Hier ist eine wichtige Umkehr notwendig. Dies bestätigt auch Ulrich Goldschmidt, Vorsitzender des Verbands Die Führungskräfte VDK: „Nach unserer Studie wenden nur vier Prozent der Führungskräfte mehr als 80 % ihrer Arbeitszeit für Führung auf. Knapp 80 % der Führungskräfte sagen aber, dass sie sich gerade mal in der Hälfte ihrer Arbeitszeit um Führung kümmern können." (Tödtmann und Goldschmidt 2016)

Letzen Endes ist es ganz einfach. Jeder Mensch möchte gerne, dass menschlich mit ihm umgegangen wird. Dann fühlt er sich ernst und angenommen und ist bereit sich einzubringen.

1.2 Die Erfolgsfaktoren für Führungskräfte

Marlon Brando sagte: „Wer seinem eigenen Weg folgt, kann von niemandem anders überholt werden."

Das ist aus dem Blickwinkel der einzelnen Person ein spannendes Zitat. Wichtig dabei ist, dass dieser Weg Sinn macht. Die Sinnhaftigkeit des Tuns im Dreiklang mit dem eigenen Wissen, Fähigkeiten und Gaben steht. Zudem sollte es nicht vom Ego (nur auf den eigenen Vorteil gerichtetes Handeln, Selbstsucht, Eigennutz) bestimmt sein, sondern von dem, wozu man sich innerlich berufen fühlt (besonders befähigt, geeignet zu sein) auch in einer Gemeinschaft, z. B. sich innerhalb eines Unternehmens einzubringen. Dies entspricht der Ausrichtung des persönlichen Herz-Kompasses (siehe Abschn. 7.1.).

Nun kommen ja noch die Mitarbeitenden hinzu, deren einzelner Herz-Kompass zum Unternehmenskompass zusammengefügt werden sollte. Der einzelne Mensch ist ja ein Gemeinschaftswesen und braucht auch die Gemeinschaft und seinen Beitrag in der Gemeinschaft, um sich in seiner Sinnhaftigkeit vollends bestätigt zu fühlen. Oder anders gesagt, in der Gemeinschaft kann sich die einzelne Person entfalten und mitgestalten.

Hierzu sagte einst Henry Ford: „Zusammenkunft ist ein Anfang. Zusammenhalt ist ein Fortschritt. Zusammenarbeit ist der Erfolg."

Zusammenfassend haben wir nun einige Bausteine, die Erfolgsfaktoren für Führungskräfte darstellen, unter dem Führungsstil gesundheitsförderliches Führen in einem Flow-Chart zusammengestellt.

Der Blickwinkel richtet sich dabei immer parallel auf die Führungskraft und die Mitarbeitenden. Jede Führungskraft ist ja auch Mitarbeitender, einfach nur in einer anderen Hierarchieebene.

Jeder Mensch möchte sich gerne in Gemeinschaften der Berufswelt oder seines Lebensumfeldes (Wohnen, Sozialbereich, Verein etc.) einbringen. Dieses Einbringen sollte mit viel Sinnhaftigkeit zu tun haben. Oftmals arbeiten Menschen in irgendeinem Job und entfalten sich mit Sinnhaftigkeit in einem Engagement im privaten Umfeld, um einen persönlichen Ausgleich herzustellen. Wird die **Entfaltung** durch Nutzung aller Kompetenzen der Mitarbeitenden auch im beruflichen Umfeld genutzt, kann zur optimalen Ziel- und Erfolgserreichung eine hohe Produktivität erreicht werden. Ziele und Erfolge werden somit im gemeinsamen Handeln und Tun erreicht und es kann **Gestaltung** stattfinden (siehe Abb. 1.1).

Freiraum bedeutet keine Einengung, sondern den Mitarbeitenden Möglichkeit zu lassen sich vollumfänglich einzubringen.

Ulrich Goldschmidt, Vorstandsvorsitzender des Verbands „Die Führungskräfte" sagt: „Führung im besten Sinne findet dort statt, wo die Führungskraft ein Arbeitsumfeld schafft, in dem die Mitarbeiter ihre optimale Leistung erbringen können und wollen. Dazu gehört es insbesondere, ein motivierendes Klima im Betrieb oder in der Abteilung zu schaffen, Freiräume für die Mitarbeiter zu kreieren und diese auch zu schützen" (Tödtmann 2016)

Abb. 1.1 Entfaltung, Gestaltung. (Quelle: C for C GmbH, Wetzikon, Schweiz)

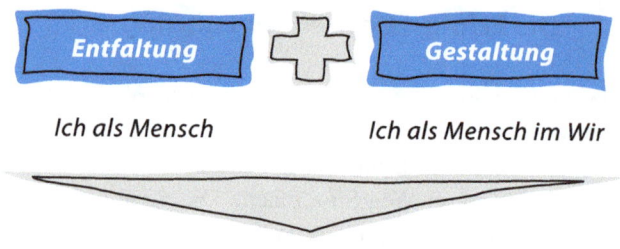

Es heißt ja so schön, dass Mitarbeitende oder Führungskräfte alle wie Unternehmer oder Unternehmensteilhaber arbeiten sollten. Unternehmer unternehmen etwas und bringen sich dadurch vollumfänglich in ihre Unternehmen ein. Ermöglicht eine Führungskraft dieses Einbringen mit Mut, können sich die in den Mitarbeitenden schlummernden Kräfte und deren Ideenreichtum für das Unternehmen entfalten:

M = Motiviertes
U = Unternehmensfreudiges
T = Tun

„Die Motivation wird dabei an Selbstbestimmung und Wertschätzung gekoppelt. Dies bedeutet, dass: das sich ergebende persönliche Engagement wird mehr mit Wertschätzung, Entscheidungsfreiräumen und Eigenverantwortung assoziiert. Darüber hinaus bestimmen wahrgenommene Sinnzusammenhänge einer Tätigkeit den Grad der Einsatzbereitschaft", gibt Ulrich Goldschmidt in seinen weiteren Ausführungen bekannt (Tödtmann 2016).

Hierzu ist es jedoch notwendig, die Kontrolle oder die Angst vor Kontrollverlust in **Vertrauen** zu wandeln. Vertrauen zieht Vertrauen an. Kontrolle zieht Missmut und Unverständnis an. Denken Sie hierbei an den Bumerang-Effekt: was ich aussende kommt wieder zu mir zurück. Wer Vertrauen schenkt, wird Vertrauen erhalten. Für die „Kontrolleure" unter Ihnen hier ein kleiner Hinweis: Wenn ich hintergangen oder gar betrogen werde, so hat dies eventuell mit meiner Familiengeschichte oder der Familiengeschichte des Mitarbeitenden zu tun. Aufklärung und Neutralisierung sind dann die Lösungen (Abb. 1.2).

In unserer täglichen Arbeit im Bereich Betriebliches Gesundheitsmanagement achten wir bei der Führungskräfteschulung, der Konfliktbewältigung oder den Mitarbeiterbefragungen stets auf diese drei Elemente: Kommunikation, Hilfsbereitschaft und Eigenverantwortung.

Besonders häufig ist bei Frustrationen von Mitarbeitenden oder wenn diese nicht ernst genommen worden sind, im beruflichen Umfeld zu hören: „Es ist ja nicht meine Firma. Was soll's." Die Umfrageergebnisse von verschiedenen Instituten weisen auf markant negative Ergebnisse in Bezug zu inneren Kündigungen seitens der Mitarbeitenden hin. Dies hat schon zu einem großen Teil mit der Führungskultur und der Unternehmens-

Abb. 1.2 Freiraum, Vertrauen. (Quelle: C for C GmbH, Wetzikon, Schweiz)

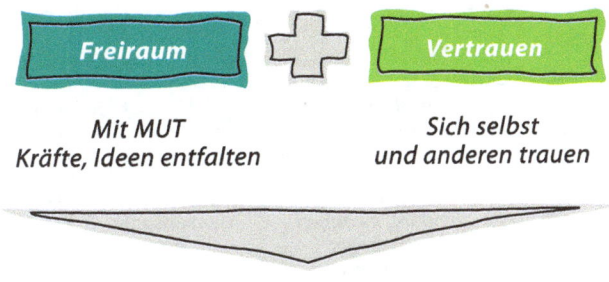

kultur zu tun. Andererseits hat auch jeder Mitarbeitende und jede Führungskraft eine **Eigenverantwortung** für sich selbst (nicht zu verwechseln mit Egoismus) und für sein Unternehmen im Rahmen seiner Tätigkeit. Stellt ein Mitarbeitender ein Problem fest oder findet eine Lösung, um sein Unternehmen voranzubringen, so ist seine **Kommunikation** gefragt. Erhalten die Führungskräfte oder die Führungskraft eines Unternehmens nur wenige bis keine Ideen/Impulse für Verbesserungen/Weiterentwicklungen etc., heißt dies noch lange nicht, dass alles in Ordnung wäre. Es könnte auch sein, dass die einzelnen Mitarbeitenden sich nicht trauen, etwas zu sagen, aus Angst vor Arbeitsplatzverlust, Bloßstellungen oder sonstigen angenommenen Repressalien. Hier sollte dann die Führungskraft mutig sein und das Hilfsmittel Anerkennungsgespräch (Abschn. 1.2) nutzen. Im Anerkennungsgespräch kann die Führungskraft das herausfiltern, was sonst nicht so schnell gesagt würde.

Nun kommt eine weitere Hürde, die **Hilfsbereitschaft**.

Es gibt immer einige Kollegen, die immer helfen und andere Kollegen, welche sich gerne tunlichst zurückhalten, um ja nicht aufzufallen. Oder sie haben einfach keine Lust zu helfen, da das nicht „honoriert" wird, im Sinne z. B. von Anerkennung, weniger finanziell.

Die heutige Komplexität am Arbeitsplatz benötigt den Einsatz eines jeden Mitarbeitenden in einem Zusammenhalt und Zusammenarbeit. Dies erfolgt durch gegenseitiges Nehmen und Geben von Hilfe. Ohne gelebte Hilfsbereitschaft wird das Chanson nur nach Einzelstimmen klingen. Es wird jedoch nie ein Chor sein, der kraftvoll nach außen klingt bzw. wirkt. Erst wenn jeder Mitarbeitende und die Führungskräfte klar und wahr sind und diese drei Elemente im Dreiklang schwingen, ist die Basis für eine erfolgreiche Zielumsetzung und Erfolgserreichung gelegt (siehe Abb. 1.3).

Was sichert nun die Nachhaltigkeit unter Nutzung dieser drei Elemente?

Die Nachhaltigkeit wird durch eine individualisierte Führung sichergestellt. Hierzu nochmals Ulrich Goldschmidt: „Dem Mitarbeiter das Gefühl geben, dass ich ihn persönlich wahrnehme und schätze. Führung sollte eine Kommunikation im Sinne eines vertieften Austauschs von Meinungen und Ideen zulassen. Individualisierte Führung macht das Potenzial der Mitarbeiter erst wirklich nutzbar. Und nur dann kann die Führungskraft auch durch die eigene Persönlichkeit, beispielsweise als Vorbild wirken und so Vertrauen in Führung schaffen" (Tödtmann 2016).

Abb. 1.3 Kommunikation, Hilfsbereitschaft, Eigenverantwortung. (Quelle: C for C GmbH, Wetzikon, Schweiz)

Im Abschn. 2.1 gehen wir auf die Wirkungen von Mensch, Führungskraft und Vorbild ein. Hier geben wir nun Impulse und praktische Tipps, um die Nachhaltigkeit zu sichern.

Vorbild sein

Unsere Bergtour

Georg war ein ruhiger und angenehmer Zeitgenosse. Er hatte einen verschmitzten Humor. Er gab jedem das Gefühl „Wir teilen die Freude hier oben in den Bergen gemeinsam" und „Du bist eine Person unserer Seilschaft, mit der wir zusammen auf den Gipfel gehen."

Jeder Mensch ist irgendwo oder auf irgendeine Art und Weise Vorbild oder Bergführer. Führungskräfte sind diesbezüglich natürlich besonders exponiert.
Impulse:

- Wie bin ich als Mensch? Wie wirke ich als Mensch? (Kap. 4 und 5)
- Was spiegle ich oder was löse ich aus? (Abschn. 5.4)
- Das Positive in jeder Sache sehen (was ist der Vorteil vom Nachteil)
- Stetige Lernbereitschaft – immer weiterlernen (alle Zeichen sehen und nutzen)
- Auch mal ein Kümmerer sein (zeugt von menschlicher Ader und Verständnis)
- Harmonisierung herstellen (verzeihend und ausgleichend wirken)
- Ruhiges Vorgehen in Respekt (Respekt fördern)

Als Fazit noch ein Motto, das besonders zum Erfolg von Führungskräften beigetragen hat:

M^4 = Man muss Menschen mögen (Carsten R. Rath).

Unsere Bergtour

Wir mochten Georg und hatten dadurch schnell Vertrauen zu ihm aufgebaut. Wir spürten, dass er seinen Beruf als Berufung auslebte.

Hinhören anstatt zuhören

- Hinzuhören bedeutet mit dem Herzen hinzuhören
- Mitarbeitende in umfassenden Sinn begreifen
- Geduldig sein beim Hinzuhören und Raum zum Wachsen geben

Unsere Bergtour

„Mensch Georg, der Bach da unten. Da könnte ich mich jetzt reinlegen und ihn leertrinken." Georg lacht und sagt: „Es ist wohl Zeit für eine Trinkpause." Alle freuen sich und ziehen ihre Rucksäcke ab, um die Trinkflaschen herauszuholen.

Als Fazit hierzu ein Zitat:

Sieh mit dem Verstand, höre mit dem Herzen (Sinan Gönül).

Sich interessieren für seine Mitarbeiter

- Mit ihnen sprechen, was bewegt sie, was blockiert sie
- Sie ernst nehmen
- Wo könnten sie sich noch mehr einbringen?

Unsere Bergtour

Georg beobachtete einen Kollegen von mir, der murmelte immer so vor sich hin. Er setzte seinen Fuß immer schräg auf. Georg fragte, was er denn am Fuß habe. „Eine Blase. Mein Socken reibt am Fuß" sagte der Kollege. Georg machte eine Pause und überklebte die Blase mit Leukoplast.

Als Fazit hier eine Aussage des Fußballspielers John Terry über den Trainer Carlo Ancelotti:

Den zusätzlichen Kilometer rennst du nur für Leute, die sich für dich als Mensch interessieren (Ancelotti 2016, S. 179).

Fördern anstatt überfordern

- Bestmögliche Entwicklung fördern, gleichzeitig zur Stärkung des Teams
- Talente und Kompetenzen fördern, erbringt einen Nutzen für alle
- Ich als Chef soll dem Mitarbeitenden nutzend sein für seine Entwicklung, dann bleibt er und hat Respekt vor mir

---

Unsere Bergtour

Wir gingen über den Gletscher im Abstieg hinunter. Georg hatte uns tags zuvor einiges gelernt in Bezug auf Seilumgang, Steigeisengehen und was bei Gletscherspalten alles an Gefahren zu beachten sei. Unser jüngster Kollege durfte vorauslaufen und den Weg durch das einfache Spaltenlabyrinth suchen. Er war voll motiviert, sehr aufmerksam und fürsorglich und gab alle Gefahrenstellen nach hinten durch. Er hatte immer Blickkontakt zu Georg und dieser winkte ihm zu, immer weiter zu gehen.

Als Fazit diesbezüglich kennen Sie eventuell bestimmt die Aussage: **„Von meinem Chef habe ich viel gelernt."**

In der Führung liegt oft auch eine mögliche Verwechslung von Loben und Anerkennen vor. Lob und Anerkennung sind zwei paar verschiedene Schuhe mit unterschiedlicher Wirkung.

Loben ist nicht gleich Anerkennung

- Ein Lob, Kompliment, Schulterklopfen ist nur von kurzfristiger Natur
- Eine Leistungsbeurteilung wiegt weniger als eine Leistungswertschätzung
- Ein Lob ist nur eine Aussage. Anerkennend wirkt, jemanden zu fragen und ihn dort, wo er steht, abzuholen oder ihm mitzuteilen, was er gut kann

---

Unsere Bergtour

Am Ende des Gletschers kam eine große Randspalte, die weit offen war. Die lokalen Bergführer hatten eine Holzbrücke ohne Geländer vom Gletscher hinüber zum Fels gelegt. Jeder Einzelne musste nun Schritt für Schritt darüber gehen und wurde von Georg in Empfang genommen, der jedem ein Stück entgegenging. Georg klopfte jedem fest auf die Schulter und es gab im Fels jeweils einen Handschlag. „Gut gemacht. Klasse" sprach er jedem Kollegen zu.

Als Fazit leiten wir über zum Schlüssel-Tool Anerkennungsgespräche.

Schlüssel-Tool: Anerkennungsgespräche
Sammel- und Aufnahmestelle für Themen, Fragen, Lösungen, Klärungen etc.
Hierzu in Kürze die Bedeutung des Wortes Anerkennung gem. Duden (Das Bedeutungswörterbuch, Band 10, 3. Auflage, Januar 2002):

1. Würdigung, Lob, Achtung, Respektierung
2. Bestätigung, Billigung, Zustimmung

   Wichtigste bezugnehmende Synonyme

- Achtung, Belobigung, Hervorhebung, Hochachtung, Honorierung, Respekt, Würdigung; Wertschätzung, Bekräftigung,
- Akzeptanz, Annahme, Befürwortung, Beipflichtung, Bejahung, Berücksichtigung, Einverständnis, Einwilligung, Gutheißung, Tolerierung, Verständnis

Führen Sie keine Jahresendgespräche mehr, sondern führen Sie 2–3 Mal im Jahr ein „Anerkennungsgespräch" mit jedem Mitarbeitenden. Entweder bei einem Spaziergang oder bei einem Kaffee in einer ruhigen Ecke. Anerkennung heißt, den Mitarbeitenden erzählen zu lassen, ihn seine Wahrnehmung bzw. Wahrheit sagen zu lassen. Sammeln Sie in diesem Gespräch alles, was allen nützt, dem Unternehmen, der Führungskraft und dem Mitarbeitenden. Das, was Sie gesammelt haben, kann Ihnen in Ihrer täglichen Arbeit dienlich sein, kann zu sofortigen oder mittelfristigen Veränderungen genutzt werden. Die Mitarbeitenden werden dieses Gespräch mit dem Chef nicht vergessen. Das Lob haben sie schon innerhalb einer Woche vergessen.

Wichtig ist, dass Sie Quick-Wins oder Maßnahmen nach Abklärungen mit dem Führungskreis umsetzen oder mitteilen, wie es umgesetzt werden kann.

Die Mitarbeitenden sind die besten „Berater" für das Unternehmen. Sie kennen das Unternehmen am besten und sind interessiert daran, dass ihr Unternehmen erfolgreich ist.

► **Tipp** Bitte zuvor den Mitarbeitenden informieren, dass es sich hier um ein vertrauliches Gespräch handelt und diese Informationen von beiden Seiten nicht ohne gegenseitige Rücksprache weitergegeben werden dürfen. Dies schafft Vertrauen für den tiefen Austausch.

Hier einige Fragen für einen Gesprächs-Leitfaden für ein Anerkennungsgespräch:

- Was liegt Ihnen auf dem Herzen und möchten Sie gerne mal loswerden?
- Was stört und belastet Sie am meisten?
- Was überfordert Sie oder das Team manchmal?
- Wenn Sie in der Geschäftsleitung wären, was würden Sie verbessern? (Quick-Wins und mittelfristig gesehen)
- Worauf sind Sie besonders stolz als Mitarbeiter/in unseres Unternehmens?
- Was gibt es Gutes zu sagen über unser Unternehmen?
- Was macht Sie einzigartig und würden Sie noch gerne einbringen?
- Was machen Sie besonders gut und es wird heute noch nicht genutzt?
- Was hätten Sie für Vorschläge zum Thema Gesundheit für unser Unternehmen?
- Was würden Sie mir mit auf den Weg geben, damit ich mich oder sich unsere Abteilung noch verbessern könnte?

Diese Punkte könnten in einem Maßnahmenkatalog für die Abteilung oder für das Unternehmen gesammelt werden. Oder erstellen Sie eine „Change-/Impuls-Roadmap", in der die mitgeteilten Themen nach Abteilungen (Personal, Finanzen, Geschäftsleitung etc.) oder Unterthemen (Personalentwicklung, Gesundheit, Sicherheit etc.) sortiert gesammelt werden. Sie haben somit immer den Überblick, was gesagt wurde, weil alles in einem Dokument steht. Gleichzeitig können Sie auch jeden Punkt als kleines Teilprojekt in dieser Übersichts-Roadmap planen. Jedes Teilprojekt lässt sich priorisieren und kann auch budgetiert werden.

So wirken sich diese Maßnahmen auch positiv auf die Gesundheit der Mitarbeitenden und das Unternehmen aus. Es lässt sich auch ein „ROI (Return on Investment) der Menschlichkeit" rechnen (siehe nachfolgenden Abschnitt „WIR", sowie Abb. 1.4). Sie haben dabei ihre internen Berater (Mitarbeitende) genutzt und können in der Umsetzung auf Ihre Mitarbeitenden rückenstärkend zählen. Der extra Kilometer wird dann gemeinsam gegangen.

Als Beispiel zum ROI spricht man im Betrieblichen Gesundheitsmanagement (BGM) von einem ROI von 1:2,8, d. h. ein investierter Euro in BGM Maßnahmen bringt dem Unternehmen bis zu 2,8 € an Ersparnissen retour.

Ein Beispiel für gemeinsame Lösungsfindung bei einem anspruchsvollen Thema für die Schweizer Wirtschaft war die Aufhebung des Mindestkurses von 1,20 Franken pro Euro am 15. Januar 2015.

Nach der Mitteilung der Schweizerischen Nationalbank ging ein großes Wehklagen und Angstszenario durch die Schweizer Wirtschaft. Sorgen um Arbeitsplatzverluste und Erhalt von Schweizer Betrieben standen ganz oben auf der Tagesordnung.

Dann hörte man nichts mehr. Es fanden überall Preisanpassungen an den Euro statt. Autos z. B. waren plötzlich viel günstiger. Kundenfreundlichkeit war hier und da plötz-

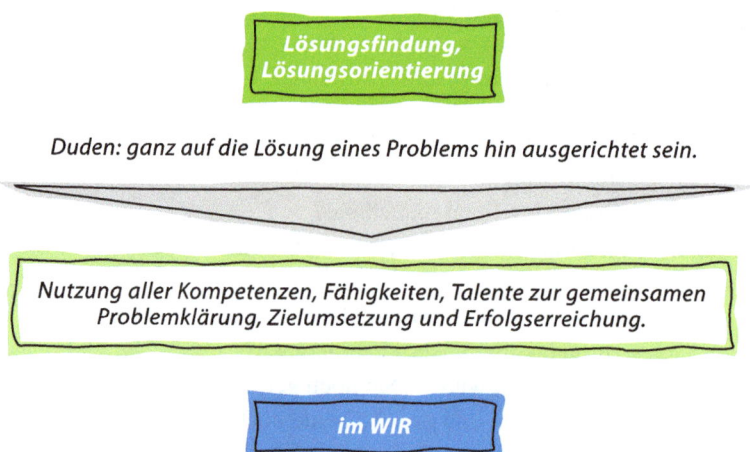

Abb. 1.4 Lösungsfindung im Wir. (Quelle: C for C GmbH, Wetzikon, Schweiz)

lich wieder zu spüren. Zur großen Überraschung aller Beteiligten erzielten die Schweizer Unternehmen am Jahresende ganz hervorragende Ergebnisse. Es war nichts mehr vom Wehklagen am Jahresanfang zu hören.

Der Zusammenhalt, zusammenzustehen und gemeinsam nach Lösungen zu suchen und diese gleich proaktiv umzusetzen hatte den Erfolg am Jahresende erbracht. Man könnte auch sagen: Not macht erfinderisch. Und dies auch noch sehr erfolgreich.

Wieder zurück zu Henry Ford, in Bezug zu seinem dritten Satzteil: „Zusammenarbeit ist der Erfolg". Diese Zusammenarbeit findet im WIR statt und durch Bündelung und Nutzung aller Kompetenzen und ICHs können Konflikte gelöst, Ziele und Erfolge einfacher erreicht werden.

Das **ICH** (die Führungskraft und die Mitarbeitenden steht dabei für):

I = Intuition (Empfinden, Gespür, ahnendes Erfassen)
C = Charisma (Wesenskern, Persönlichkeit in der Ausstrahlung)
H = Herzlichkeit (Aufrichtigkeit, Echtheit, Ehrlichkeit)

Diese einzelnen Elemente stellen die wichtigen Grundkompetenzen eines jeden Menschen dar.

Das **WIR** (siehe Abb. 1.5) steht dabei für:

W = Wirksamkeit
I = Intuition
R = Respekt

Der gegenseitige Respekt, gepaart mit Hilfsbereitschaft, verbunden durch die Kommunikation, gehört dabei zum Grundfundament.

Hierzu drei wirkungsvolle Beispiele von Akteuren aus der Wirtschafts- und Wissenschaftswelt zu jedem Buchstaben:

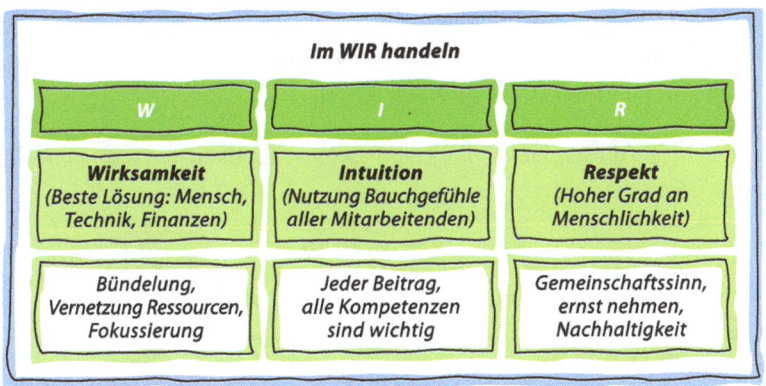

Abb. 1.5 Das Wir im Handeln. (Quelle: C for C GmbH, Wetzikon, Schweiz)

W = Wirksamkeit

Unsere Bergtour

Bei der Überquerung des Gletschers liefen wir Seilschaften am straffen Seil. Hier konnten wir jeden sofort stoppen, im Falle eines Spaltensturzes.

Für Führungskräfte und Unternehmenslenker sind die Kennzahlen und die Erfolge immer von großer Bedeutung. Zwei Steuerberatern ist es gelungen, eine neue Unternehmenskennzahl zu entwickeln: den **ROI der Menschlichkeit.**

Stephan Brockhoff hat in Kürze erklärt, wie ein moralischer Wert zur Marktwirtschaft passt. Hier einige Kernaussagen von ihm, welche diesen ROI bestätigen.

Wenn das Leadership darauf abzielt, eine Kultur zu entwickeln, in der sich alle gegenseitig unterstützen und weiterentwickeln, hat das großes Potential. Chefs sollen verständnisvoller und empathischer sein.

... mithilfe von Vertrauen und Empathie kann man das ungenutzte Potential von vielen Mitarbeitern in Unternehmen bergen – und letztlich auch monetarisieren. Menschlichkeit rechnet sich insofern.

Wenn Führungskräfte stärker die gesamte Person in den Fokus rücken und sie wertschätzen, würde dies zu einer menschlicheren Arbeitswelt beitragen. Denn wenn sich Menschen wertgeschätzt fühlen, geben sie diesen Wert in der Regel auch zurück. Wertschätzung setzt bei Mitarbeitern Potenzial frei, was Unternehmen positiv verändert.

Dazu sollten Führungskräfte gemeinsam mit ihren Mitarbeitern Maßnahmen und Werte erarbeiten, denn so entsteht eine höhere Akzeptanz ... (Hockling 2016).

Einer Studie zufolge, die vom Verband „Die Führungskräfte" durchgeführt wurde, ergaben sich zwei interessante Umfrageergebnisse, welche diesem Kapitelteil noch eine zusätzliche Bestätigung geben:

- Hierarchisch steuerndem Management wird mehrheitlich eine Absage erteilt.
- Kooperationsfähigkeit hat Vorrang vor alleiniger Renditefixierung
  (über die Hälfte der interviewten Führungskräfte geht davon aus, das Prinzip Kooperation weiter an Bedeutung gewinnt. Nur noch 29,25 % präferieren ein effizienzorientiertes und auf die Maximierung von Profiten ausgerichtetes Management als ihr persönliches Idealmodell von Führung, vgl. Tödtmann 2016)

Wir empfehlen an dieser Stelle das Buch „Menschlichkeit rechnet sich" (Brockhoff und Panreck 2016).

I = Intuition

Unsere Bergtour

Georg hatte ein komisches Gefühl bei einer verschneiten Gletscherspalte. Er traute der Schneebrücke nicht. Wir legten eine neue Spur und konnten an der schmalsten

Stelle leicht hinüberspringen. Beim Zurückschauen sahen wir später, wie ein anderer Bergsteiger an dieser kritischen Stelle eingebrochen war.

Kopf, Herz und Intuition sind ja normalerweise miteinander verbunden. Der Mensch hat die Intuition bereits als Urinstinkt mit in die Wiege gelegt bekommen. Ebenso die Wirkkraft des Herzens, welche in Verbindung mit der Intuition steht.

Hierzu ein kleines passendes Essay von Roland R. Ropers (Etymosoph und Publizist) mit der Überschrift: HMP – Heart Memory Power ©

Die enorme Erinnerungskraft des Herzens Im Zuge der notwendigen Bewusstseinsveränderung sind wir herausgefordert, der Kraft des Herzens (physisch wie seelisch und geistig) viel mehr Aufmerksamkeit zu schenken.

Wir wollen so viel im Gehirn, im computerähnlichen Datenspeicher, umprogrammieren, u. a. mit Neuro-Linguistischer-Programmierung (NLP) und anderen Methoden.

Die größte Erinnerungsfähigkeit liegt nach heutiger Erkenntnis im Herzen – dafür bedarf es keines Hirnleistungstrainings, sondern nur der wachsamen Aufmerksamkeit des Horchens auf die Lebendigkeit im weiten Raum des Herzens.

Der Begriff **Energie** (griechisch: enérgeia = Tätigkeit, Wirksamkeit) ist heutzutage in aller Munde. Das entsprechende lateinische Wort heißt vis und ist wie im Griechischen weiblichen Geschlechts. Energie kommt streng genommen von en ergein = in der Arbeit, in der Kraft sein.

Aristoteles hat das Wort **Energie** in die Philosophie eingeführt, als die Fähigkeit zum Handeln und zum Durchhalten. Im Gegensatz hierzu steht die **Dynamik** (griechisch: dynamis, lateinisch: potentia), die Bewegungskraft.

Ein energetischer Mensch ist wirksam tätig und setzt Kraftfelder (Potentiale) in Bewegung.

Jeder trägt für sich die Entscheidung, wie er seine Lebensenergie zum Einsatz bringen möchte. Für eine gewisse Wegstrecke braucht man erfahrene Lehrer und Meister, bis man mit dem großen kosmischen Energiefeld in Einklang gekommen ist. Ein gutes Beispiel ist ein Orchester mit den verschiedensten Instrumentengruppen. Einer, der zum Flötenspieler geboren ist, wird nicht den Kontrabass spielen, und ein feinnerviger Geiger haut nicht auf die Pauke. Jeder Musiker bringt seine Energie zum Besten in einer **Symphonie** (griechisch: Zusammenklang) ein, der Dirigent sorgt für die Dynamik und koordiniert das Kraftfeld. Das lateinische Wort für Symphonie ist **Konsonanz**.

Auf dem spirituellen Weg geht es ähnlich: Das dynamische Kraftfeld aus dem Urgrund, dem innersten Wesensgrund, der in völliger **Konsonanz** mit dem Universum verbunden ist, speist unsere Lebensenergie, unser Tätigsein. Energetische Störfelder von außen sind nicht unsere Kraftquelle. Wir müssen den wahren Ursprung erkennen, um nicht auf Irrwege zu gelangen (Ropers 2017).

Cogito ergo sum!
Ich denke, also bin ich!
  (René Descartes, 1596–1650)

Recordor ergo sum!
Ich kehre zum Herzen zurück
und erinnere mich, darum bin ich!
  (Roland R. Ropers, 31. Januar 2014)

R = Respekt

Beim Übergang eines steilen Schneehanges in eine Felspassage liefen zwei Seilschaften auf uns auf. Georg stapfte ein kleines Plätzchen frei und lies die anderen Seilschaften überholen. Die Männer bedankten sich freundlich bei Georg und ließen ihm sogar an einer Schlüsselstelle eine Schlinge hängen.

Respekt gehört wie die Intuition zu den Grundfundamenten einer jeden Person bzw. Persönlichkeit.

Respekt bedeutet (lateinisch respectus „Zurückschauen, Rücksicht, Berücksichtigung", auch respecto „zurücksehen, berücksichtigen") und wird als eine Form der Wertschätzung, Aufmerksamkeit und Ehrerbietung gegenüber einem anderen Lebewesen (Respektsperson) oder einer Institution bezeichnet (Wikipedia 2017).

In der Region Freiburg/Bern, Schweiz gibt es eine Plattform, bei der Persönlichkeiten positive Ideen austauschen und durch Aussagen eines Referenten Denkanstöße geben möchten. Diese Plattform heißt Wallenried-Gespräche. Daraus möchten wir Ihnen ein Beispiel von dem erfolgreichen Uhrenmanager Jean-Claude Biver, CEO der Firma Hubolt, in Bezug zu Liebe und Respekt im Geschäftsleben geben. Er sprach im Mai 2011 bei den zwei Mal im Jahr stattfindenden Wallenried-Gesprächen. Nachfolgend seine Ansprache:

„Erstes Gebot: Du sollst lieben. Zweites Gebot: Du sollst respektieren. Drittes Gebot: Du sollst verzeihen." So einfach sei das Rezept, um ein erfolgreicher Geschäftsmann zu werden, sagt Jean-Claude Biver. Er muss es wissen, denn der Luxemburger schreibt als Manager in der Schweizer Uhrenindustrie eine Erfolgsstory nach der anderen.

Viele schwache Chefs

In der immer enger werdenden Welt gebe es momentan keine Ethik mehr, hielt der Topmanager fest. „Wir haben Macht, Öl, die EU, Freihandel. Doch es fehlt an Ethik und Liebe." Es komme jedoch eine neue Epoche, verkündete er. Der Mensch werde lernen zu teilen.

Für Biver ist Liebe die Grundlage jeden Lebens. Und lieben lasse sich mit teilen gleichsetzen. „Das beginnt bei der Mutter, die ihren Körper mit dem Kind teilt", begann der Referent seine Theorie, um sie alsdann in die Geschäftswelt zu projizieren.

Ein guter Chef offenbare den Mitarbeitern seine Zweifel, Fehler und Irrtümer, er teile sie mit ihnen, sagte Biver. „Doch viele Chefs wollen dies nicht. Auch ihre große Erfahrung wollen sie mit niemandem teilen, aus Angst die Mitarbeiter wüssten dann genauso viel wie sie. Das sind die schwachen Chefs. Sie bleiben mittelmäßig, weil ihnen niemand hilft", sagte Biver.

Engagiert appellierte er an die Anwesenden: „Stellen Sie sich vor, was für ein starkes Team Sie um sich scharen, wenn Sie als Chef Ihre Erfahrung und Ihre Erfolge mit dem Personal teilen!" Laut lachend schrie er ins Publikum: „Teilen macht reich!"

Belohnung für jeden Fehler

Ebenso wichtig sei es, Fehler zuzulassen, fuhr der 61-Jährige fort. Es sei schlecht, dass Misserfolg in der Schule bestraft werde. „Jeder Fehler sollte belohnt werden", forderte er. Denn durch jeden Fehler lerne der Mensch. In einer Firma, in der Fehler verziehen würden, entstehe ein großes Maß an Kreativität.

Zentral sei zudem Respekt gegenüber Lieferanten und Kunden. Weil er selber nach diesen drei simplen Geboten vorgehe, erhalte er im Geschäftsleben Hilfe von allen Seiten, so Biver. „Ich bin der lebende Beweis dafür, dass es funktioniert." (Kipfer 2011).

Das WIR erhält in Zukunft aufgrund der immer schneller werdenden Wirtschaftsabläufe und immer komplexer werdenden Aufgaben eine immer stärkere Bedeutung. Die Dinge lassen sich nur noch durch Wissensweitergabe, Nutzung aller Kompetenzen und durch Gemeinschaftsarbeit erfolgreich umsetzen.

Erster Schluss: Je mehr Menschlichkeit, desto größer und wertvoller wird die Präsenz und Wirkung besonders im digitalen Zeitalter sein.

Literatur

Ancelotti, C. (2016). *Quiet Leadership – wie man Menschen und Spiele gewinnt*. München: Albrecht Knaus.

Brockhoff, S., & Panreck, K. (2016). *Menschlichkeit rechnet sich*. Frankfurt am Main: Campus.

Hockling, S. (20.09.2016). Menschlichkeit rechnet sich. *Zeit Online Beruf*.

Kipfer, M. (01.06.2011). Interview: „Uhren-Manager fordert Liebe und Respekt im Geschäftsleben". *Freiburger Nachrichten*.

Ropers, R.R. (2017). Essay: HMP – Heart Memory Power.

Tödtmann, C. (28.09.2016). Interview: Entwicklung von Führungskräften – „Solchen Menschen darf man keine Mitarbeiter anvertrauen" mit Ulrich Goldschmidt. *Wirtschaftswoche*.

Wikipedia (2017). Respekt. de.wikipedia.org/wiki/Respekt. Zugegriffen: März 2017.

Zusammenhänge: Ich – Mensch, Führungskraft, Vorbild

2

Unsere Bergtour

Wenn ich so unseren Bergführer Georg beobachte, kann ich sagen, er ist stets präsent, führt mit Witz und großer Erfahrung und in stetigem Einklang mit dem Berg und der Natur.

Gerne möchten wir Ihnen unsere zusammengefassten Erkenntnisse aus unseren 12-jährigen Forschungsarbeiten in der Energetik und energetischen Medizin sowie einer 7-jährigen Beweisführung an über 500 Betroffenen von Erschöpfung/Burnout und unserer Arbeit mit Führungskräften und Firmeninhabern als Coach und Unternehmensberater weitergeben. Wir haben aus diesen Erkenntnissen eine eigene Methodik entwickelt: Das „Herz-Resonanz-Coaching", das sowohl für Einzelpersonen als auch für Unternehmen anwendbar ist.

Hierbei half mir (Claus Walter) mein technischer Hintergrund aus der Industrieelektronik, IT-Netzwerktechnik, physikalische Sicherheit und Telekommunikation, um dies für Sie darzustellen. Gleichzeitig brachten wir unsere hohe Affinität und unser Steckenpferd, der frühen Erkennung von Innovationen und diese in einfache Art und Weise in erfolgreiche Geschäftsmodelle umzusetzen, ein. Dies praktizierte ich erfolgreich über 25 Jahre in verschiedenen leitenden Positionen als Verkaufsleiter, Produktmanager, Business-Development- oder Innovationsmanager in internationalen Unternehmen.

Wir gründeten im August 2010 (Claus Walter) bzw. im September 1997 (Peter Buchenau) unsere Unternehmen, um dort all unser Wissen, unsere Erfahrungen und Erkenntnisse einzubringen. Dies möchten wir Ihnen in einfacher und kompakter Form gerne weitergeben.

Wir schreiben daher vereinfachend in der Wir-Form und haben den präventiven Ansatz für dieses Buch gewählt, um Sie als Person, Führungskraft und Vorbild rascher und vor allen Dingen bewusster und nachhaltiger voranzubringen.

© Springer Fachmedien Wiesbaden GmbH 2018
P. Buchenau und C. Walter, *Chefsache Menschlichkeit*,
https://doi.org/10.1007/978-3-658-14662-7_2

> **Wichtig: Zusammenfassung aus verschiedenen Blickwinkeln**
>
> Die nachfolgenden Betrachtungen, Erkenntnisse und Darstellungen haben den wissenschaftlichen Hintergrund aus der Herz-Resonanz, Kohärenz-Felder, energetische Felder (Aura) des Menschen, seiner Umfelder und der Umwelt.
>
> Hier hat das HeartMath-Institute in Kalifornien seit über 20 Jahren eine bahnbrechende Arbeit geleistet. Genauso die Universität in Graz um die Herz-Rhythmus-Variabilität von Prof. Dr. Moser. Hinzu kommen die Erkenntnisse aus der Quantenphysik von europäischen und amerikanischen Forschern, welche speziell die Wirkkräfte und Wechselwirkungen von Quanten (kleinste atomare Elementarteilchen) in Wirkfeldern betrachtet haben. Ergänzend dazu fließen auch die Erkenntnisse von altem Wissen und Philosophien ein, welche durch die heutigen wissenschaftlichen Erkenntnisse der Quantenphysik quasi bestätigt werden.

2.1 Zukunftsanforderungen: 6. Kondratieff-Zyklus Psychosoziale Gesundheit

Der russische Wissenschaftler Nikolai Dmitrijewitsch Kondratieff (1892–1938) gilt als der Begründer der Theorie der langen Wellen der Konjunktur und hat dies in seinen wissenschaftlichen Forschungen nachgewiesen. Er hat aufgezeigt, dass es zwei unterschiedliche Arten von langen Wellen gibt, eine auf der makroökonomischen Ebene und eine auf der Innovationsebene (siehe Abb. 2.1).

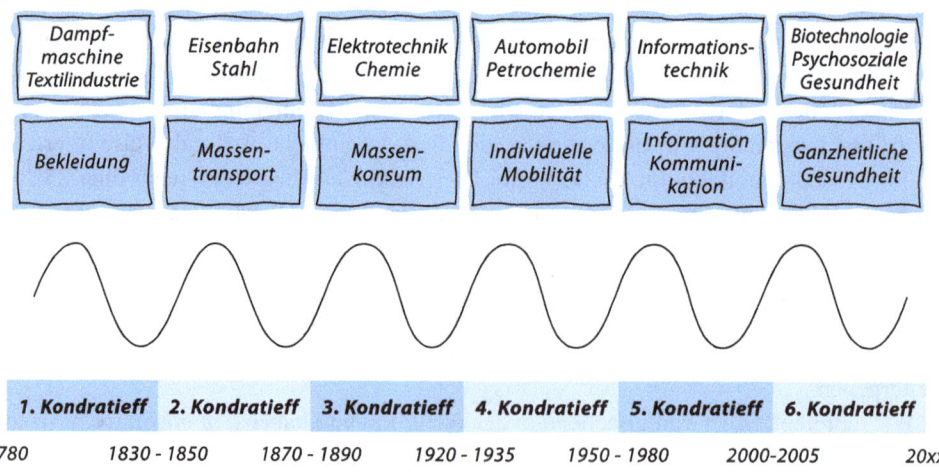

Abb. 2.1 6. Kondratieff Zyklus; Abbildung der langen Wellen der Konjunktur. (Quelle: Nefiodow und Nefiodow 2016)

Die Betrachtung der Innovationsebene ist für die Persönlichkeitsentwicklung in Verbindung mit der Selbst- und Sozialkompetenz sehr wichtig, da sie auf die ganzheitliche Gesundheit hinausläuft.

Für eine Führungskraft haben dies Leo und Simone Nefiodow im nachfolgenden Text wunderbar zusammengefasst:

„Als Voraussetzung für gelungene Zusammenarbeit werden häufig Faktoren wie Vertrauen, Offenheit, Kommunikationsfähigkeit, gegenseitiges Akzeptieren, Einfühlungsvermögen, Lernbereitschaft, Hingabe an die gemeinsame Aufgabe, Leistungsorientierung, Kreativität, Konfliktfähigkeit usw. genannt."

Eine genauere Analyse der Arbeitsproduktivität zeigt, dass sie entscheidend von der psychosozialen Gesundheit im Betrieb abhängt (Nefiodow und Nefiodow 2016). Als strategisches Element kann Gesundheit ihr volles Potenzial aber nur entfalten, wenn sie nicht auf die stoffliche und körperliche Ebene – Ernährung, Sport, Alkohol, Rauchen, medizinische Checks – beschränkt wird.

Der Erfolgsfaktor im 6. Kondratieff-Zyklus ist die Einbeziehung des Menschen und die Rückbesinnung zu uns als Mensch.

Betrachten wir die Zyklen zusammengefasst wie folgt, dann ergibt sich die in Abb. 2.2 dargestellte Grafik.

Unternehmer oder Unternehmen, welche auf die Gesundheit der Mitarbeitenden Wert legen, werden zu den Gewinnern von morgen gehören.

Das Thema Gesundheit ganzheitlich betrachtet (physisch und psychisch) wird also zum zentralen Schlüsselelement der sich zu einem Wettbewerbsvorteil mausert und damit zur Unternehmenssicherung genauso dient wie z. B. eine mannigfaltige Produkt-Roadmap.

Vor den oft nicht ernsthaft wahrgenommenen Hintergrundthemen wie zunehmende psychische Erkrankungen aufgrund des Arbeitsdrucks und demografischer Wandel mit dem einhergehenden Fachkräftemangel erhält die Betrachtung der Gesundheit eine hohe Bedeutung.

Die Aussage einer unserer Kunden in Bezug auf das Thema Gesundheit für Unternehmen war: „Wenn Du Gesundheit ernst nehmen willst für Deine Mitarbeitenden, dann sollte

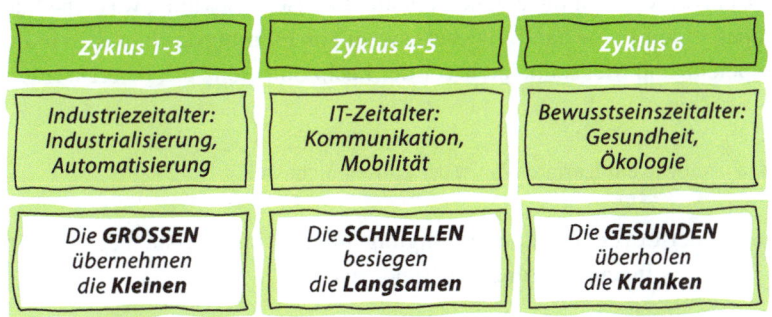

Abb. 2.2 Bündelung der Kondratieff-Zyklen. (Quelle: C for C GmbH, Wetzikon, Schweiz in Anlehnung an Abb. 2.1. Abbildung der langen Wellen der Konjunktur)

das Unternehmen pro Mitarbeiter/in min. 1000 Sfr. als laufende Kosten jährlich investieren." Dies beinhaltet nach seinen Aussagen Investitionen in die physische Gesundheit (Ergonomie, Arbeitssicherheit, Raumklima) genauso wie in die psychische Gesundheit (Stressmanagement, Körpertherapien, Coaching). Der Erfolg gibt ihm Recht, so konnten die Fluktuationszahlen, die Mitarbeiterzufriedenheit und -motivation in seinem Unternehmen wesentlich verbessert bzw. gesteigert werden.

Betriebliche Aufwendungen für die Gesundheit sollten deshalb im sechsten Kondratieff nicht als Kosten, sondern als Investitionen eingestuft werden. Der Grund: „Weil sie ein gutes Betriebsklima schaffen, Einsatzbereitschaft und Zusammenarbeit verbessern, Fachwissen zum gemeinsamen Vorteil mobilisieren, Firmenloyalität, Ansehen und Attraktivität des Unternehmens in der Gesellschaft steigern und Produktivität und Wettbewerbsfähigkeit auf allen Ebenen des Unternehmens verbessern. Kurzum: Aufwendungen für die Gesundheit sind Investitionen in die Zukunft, weil sie eine kooperative Unternehmenskultur hervorbringen." (Nefiodow und Nefiodow 2016)

Somit stellt der 6. Kondratieff-Zyklus einen Spiegel für die Menschlichkeit in den Unternehmen dar. Auf die Wirkung der Menschlichkeit gehen wir speziell im Kap. 11 noch zusammenfassend ein.

Was heißt dies für die Führungskräfte der Zukunft?

Führen mit Macht und Druck ist definitiv vorbei, da dies langfristig zu Motivationsverlust (siehe jährliche Gallup-Studie) und in Folge zu Produktivitätsverlust bei den Unternehmen führt.

„Vor dem Hintergrund des Fachkräftemangels und des demografischen Wandels scheint sich in vielen Unternehmen die Erkenntnis durchgesetzt zu haben, dass die Qualität der Führung und die Unternehmenskultur entscheidend sind, um die Mitarbeiter zu binden", sagt ein Gallup-Sprecher (Gallup-Studie 2014).

Zukünftiges Führen geht einher mit Lösungsorientierung und hoher Sozialkompetenz, damit die immer komplexer werdenden Aufgaben und Ziele gemeinsam leichter erreicht werden können.

Im Sinne des sechsten Kondratieff bedeutet dies für die Führungskraft in der Zukunft mehr Zeit zu investieren für die eigene Persönlichkeitsentwicklung, was eine Stärkung der Sozialkompetenz zur Folge hat. Bei der Auswahl von Führungskräften wird in Zukunft die Sozialkompetenz und Menschlichkeit vor der Fachkompetenz priorisiert werden.

Hierzu ein Zitat:

Wer heute noch wie ein Patriarch führt, der kommt nicht weit.

(Ursula von der Leyen, Bundesverteidigungsministerin, anlässlich des 60. Gründungstages des Zentrums Innere Führung der Bundeswehr)

2.2   Schlüssel-Wirkung Vorbild sein („Der Fisch stinkt vom Kopf")

Unsere Bergtour

Georg ist unser Bergführer. Wir sind in unserem Unternehmen auch ein „Bergführer". Wie bei der Bergtour folgen uns unsere Mitarbeitenden nur, wenn sie Ruhe, Vertrauen und Gelassenheit spüren. Georg wird es unterwegs ansonsten schwer haben, uns über Schlüsselstellen oder Gletscherspalten zu führen. Er muss innere Kraft, Professionalität und Selbstsicherheit ausstrahlen.

Das Vorbild wird gemäß Duden Synonymwörterbuch in Bezug auf Führungskräfte definiert als Leitbild, Leitfigur, Mentor, Richtschnur und Personifikation.

Dies spiegelt sich im aktiven Tun dieses Vorbildes wieder. Sie/er sollte moralisch, ordentlich, redlich, einwandfrei, hervorragend, nachahmenswert, optimal, einwandfrei oder vortrefflich handeln.

Die Handlungen geschehen aus dem meinem eigenen inneren Wesenskern heraus und stehen in Verbindung mit meiner Grundeinstellung = **Ich als Mensch.**

Gleichzeitig handle ich aus meiner Eigenverantwortung und Verantwortung für das Unternehmen = **Ich als Führungskraft.**

Durch das Leitbild des jeweiligen Unternehmens, die Visionen, Ziele und Vorgaben, und jetzt kommt es unterbewusst aus mir heraus, wirke und handle ich = **Ich als Vorbild.**

Diese Wirkweisen haben wir Ihnen in einer einfachen Grafik (siehe Abb. 2.3) dargestellt und werden detailliert in den Kap. 4 und 5 darauf eingehen.

Vereinen Sie nun diese „drei" Personen, die Sie verkörpern, im Hinblick auf ein altes norddeutsches Sprichwort: „Der Fisch stinkt vom Kopf", dann kennen wir unterschiedliche Bedeutungen dieses Sprichwortes:

Es ist immer wieder erstaunlich zu sehen, wie stark ein Unternehmen auf allen Ebenen von den Führungskräften geprägt wird. „**Der Fisch stinkt vom Kopf**", kommt nicht von ungefähr (www.redensarten-index.de).

Sagt man dafür, dass die Ursache für Krisen oder Probleme häufig bei Personen oder Institutionen liegt, die in der Machthierarchie am weitesten oben stehen (www.sprichwort-plattform.org/sp/Der%20Fisch%20stinkt%20vom%20Kopf%20her).

Die Führungskräfte, die die Verantwortung tragen – die, nach deren Entscheidungen sich der Rest des „Apparates" zu richten hat und die alle Fäden in der Hand halten und den anderen Teilen des Systems ihren Willen aufbürden – werden mit dem Ausspruch „Der Fisch stinkt vom Kopf her" bei begangenen Fehlern oder falschen Entscheidungen darauf gestoßen, dass sie es sind, die für die Misere, unter der die Gesamtheit der jeweiligen „Schicksalsgemeinschaft" zu leiden hat, verantwortlich zeichnen (helpster.de, Autor: Achim Günter).

Das Ganze hat der Kommunikationstrainer Michael Ehlers zu einem Buch „Der Fisch stinkt vom Kopf" verarbeitet, der als Hein Hansen in der Rolle eines Fischverkäufers auftritt.

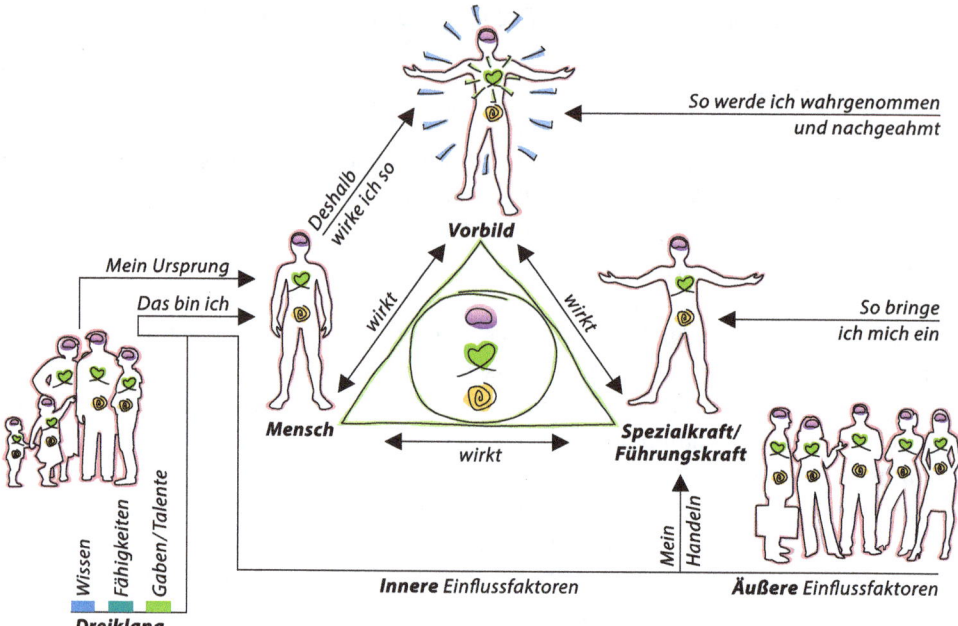

Abb. 2.3 Vorbild – Wirkungsdreieck. (Quelle: C for C GmbH, Wetzikon, Schweiz)

Auch wenn wir dieses Sprichwort mit einem gewissen Humor oder aus einer Distanz betrachten, so hat es, sinnbildlich gesprochen, für den Erfolg einer Führungskraft und eines Unternehmens eine wichtige Bedeutung.

Gerne gebe ich Ihnen ein Beispiel aus dem Sport von Carlo Ancelotti, dem international bekannten italienischen Fußballtrainer an. Seine Feststellung ist, dass er nur über die Spielweise deren Teams sprechen kann: „Wobei die Teams natürlich oft die Mentalität und Persönlichkeit des Trainers widerspiegeln."

Der Erfolg hängt somit stark mit der Wirkung und der Ausstrahlung/Anziehung der Führungskräfte eines Unternehmens unmittelbar zusammen.

2.3 Schlüssel-Wirkung Kommunikation

Die Sozialkompetenz einer Führungskraft schafft Vertrauen, Gemeinschaftssinn und Mut. Mut übersetzen wir gerne so:

M = **M**otiviertes
U = **U**nternehmensfreudiges
T = **T**un

Fördern Sie gegenüber den Mitarbeitenden die im Betrieblichen Gesundheitsmanagement wichtigen Elemente wie Eigenverantwortung, Hilfsbereitschaft und Kommunikation, werden die Ergebnisse für alle und das Unternehmen viel leichter erreicht.

Kommunikation ist ein Schlüsselelement, um alles und alle zu verbinden. Das ist allen Führungskräften bekannt und ist auch oftmals eine große Aufgabe, täglich alle Mitarbeitenden abzuholen oder zu erreichen.

Die Kommunikation für Führungskräfte wird auch immer anspruchsvoller, da sie drei verschiedene Wirkungen aufnehmen bzw. wahrnehmen sollen.

1. Die verbale Kommunikation:
    Der direkte Austausch über das Wort oder das Schweigen.
2. Die nonverbale Kommunikation:
    Dies kennen schon viele, das ist die Körpersprache, Gestik oder unsere Ausstrahlung von Gefühlen oder Gedanken über das Unterbewusstsein.
3. Die Kommunikation des Körpers über Körpersymptome:
    Der Körper spricht mit uns Menschen über Körpersymptome. Dies ist der Fachbereich der Psychosomatik. Er teilt sich uns über Krankheiten (Disharmonien des Körpers, der Gedanken und Gefühle) oder über Unfälle (Hinweise auf anstehende Lebensveränderungen) mit. Jede Person erhält die Körpersymptome, die mir ihr und ihren Themen zu tun hat.

Wir als Mensch sind also ständig in Kommunikation, entweder bewusst (Wort) oder unterbewusst (Gedanken, Gefühle). Innerhalb unseres Körpers kommunizieren ständig Gedanken, Gefühle und unsere Körperfunktionen in eigenen Rhythmen miteinander. Vieles läuft davon im Unterbewusstsein ab, wirkt und strahlt jedoch nach außen.

Im Kap. 4 gehen wir in der Tiefe darauf ein, was das für eine Wirkung auslöst.

Das nachfolgende Zitat bringt es einfach und klar auf den Punkt:

Achte auf Deine Gefühle, denn sie werden zu Gedanken.
Achte auf Deine Gedanken, denn sie werden zu Worten.
Achte auf Deine Worte, denn sie werden zu Handlungen.
Achte auf Deine Handlungen, denn sie werden zu Gewohnheiten.
Achte auf Deine Gewohnheiten, denn sie werden Dein Charakter.
Achte auf Deinen Charakter, denn er wird Dein Schicksal
(Chinesisches Sprichwort, Talmut).

2.4 Schlüssel-Wirkung Handlungen

In dem chinesischen Zitat wurden auch Handlungen erwähnt. Handlungen kommen von „handeln". Handeln und tun nehme ich mit meinen Händen und Armen vor. In der Psychosomatik werden die Arme auch „als Verlängerung des Herzens" angesehen. Eine Umarmung kommt also von Herzen und das Gleiche gilt demzufolge für unsere Handlungen.

Daher sollten sie als klare Botschaften durch Aktivitäten mit meinen Armen und Händen zum Ausdruck kommen.

Handlungen können wie Worte eine negative Wirkung (z. B. schlagen) oder eine positive Wirkung (z. B. aktivieren, Freude weitergeben) haben.

Handlungen und Gesten sollten natürlich erfolgen und auch in Einklang stehen mit der eigenen inneren Überzeugung, damit sie öffnend und belebend wirken. Ansonsten erscheint die Person nicht kraftvoll oder authentisch in ihrem Auftritt und gibt somit keine Klarheit nach außen hin ab.

Handlungen und die Wesensart sollten in Einklang sein, damit Mitarbeitende die Führungskraft wahr und ernst nehmen.

Wir betrachten gerne die Symbolik des „Bumerang-Effekts". Sprich, das, was ich symbolisch gesehen auf einen Bumerang schreibe, wie Worte, Gedanken, Gefühle oder eine Handlung, kommt zu mir zurück. Dies betrachten wir im späteren Abschn. 5.1. Was ich aussende, ziehe ich an.

Die Handlungen lassen sich dabei aus zwei verschiedenen Perspektiven betrachten.

1. Wirkung von nonverbaler Kommunikation:
   Wirkung von Kommunikation (in erster Linie Werbewirkung), die genau das Gegenteil von dem erreicht, was sie erreichen will. Die Gründe für dieses Phänomen liegen z. B. darin, dass die Aktivierung nicht zielgerichtet ist oder die Werbeaussage als unglaubwürdig empfunden wird.
   Als Fazit bedeutet das, so wie ich bin, kommuniziere und handle ich und je nachdem ob dies authentisch bei den Gegenübern ankommt, wirke ich glaubwürdig oder unglaubwürdig (vgl. Gabler Wirtschaftslexikon 2017).
2. Wirkung von Worten, Gedanken, Gefühlen, Handlungen:
   Denke ich positiv, wähle ich positive Worte, habe ich eine positive Grundeinstellung in meinem inneren Wesenskern und handle ich positiv, dann wird dies zu mir zurückkommen. Wenn ich dies eher aus einem negativen Kontext tue, wird dies negativ zu mir zurückkommen.

Jetzt kommt das Bumerang-Motto zum Tragen: „Tue Gutes, dann kommt Gutes zu Dir zurück."

Gerne nehmen wir ein Beispiel aus unserer Arbeit im Betrieblichen Gesundheitsmanagement in Bezug auf Lob und Anerkennung:

Wird ein Mitarbeiter gelobt für eine gute Arbeitsleistung durch den bekannten Schulterklopfer oder Handschlag, hat er dies meist schon nach Tagen wieder vergessen.

Wenn sein Chef mit ihm ein sogenanntes Anerkennungsgespräch bei einem Kaffee führt und dem Mitarbeitenden zuhört und ihm quasi Zeit schenkt, Dinge notiert, im Anschluss Verbesserungen einführt etc., wird sich daran jeder Mitarbeitende wieder erinnern.

Anerkennung und Wertschätzung über Kommunikation und Handlungen an Mitarbeitende zu geben, erzeugt eine große Wirkung und verleiht der Führungskraft einen großen Auftritt.

Die Folgen möchte ich Ihnen anhand des Auszugs aus einem Xing-Newsletter vom 17.03.2016 von Sebastian Purps-Pardigol aufzeigen:

> Doch wie entsteht Sinnhaftigkeit in der Belegschaft von „normalen" Unternehmen? Die Erkenntnis, dass das durch Wertschätzung gelingt, überrascht nicht – die Deutlichkeit mit der Wertschätzung die Motivation der Mitarbeiter steigert, hingegen schon: In einer Studie wurde einer Testgruppe ein hohes Maß an Anerkennung und Beachtung für das Ergebnis der eigenen Arbeit geschenkt, während die Arbeitsergebnisse der Kontrollgruppe ignoriert wurden. Das Resultat war frappierend: Die Mitarbeiter, die durch Anerkennung und Wertschätzung einen Sinn in ihrer Arbeit sahen, zeigten eine dreimal höhere Leistungsbereitschaft!
>
> Unternehmen sollten regelmäßiges Feedback kultivieren. Dadurch steigt nicht nur die Beziehungsqualität in der Belegschaft. Anerkennung und Wertschätzung prägen zunehmend die Beziehung zwischen Chef und Mitarbeitern – die subjektiv erlebte Sinnhaftigkeit und die Arbeitsergebnisse verbessern sich (Purps-Pardigol 2016).

2.5   Neue Schlüssel-Wirkungen in der Führung

Der grundsätzliche Paradigmenwechsel in der Führung geht hin zu mehr Menschlichkeit und Nutzung oder Aktivierung von Potentialen der emotionalen Ebenen der Mitmenschen und Mitarbeitenden.

Die Führungspersönlichkeit der Zukunft benötigt also zusätzliche Schlüssel-Wirkungen, um den Zukunftsanforderungen in der Führung gewachsen zu sein. Es ist auch in gewisser Hinsicht eine Rückkehr zum wieder mehr Mensch sein in der Führung. Die Menschlichkeit aktiv leben als Vorbild in der Führung.

Das hat Sebastian Purps-Pardigol (2016) in seinem im vorherigen Abschn. 2.4 erwähnten Artikel ebenfalls schon genau auf den Punkt gebracht.

Gerne möchten wir drei aktive praktische Beispiele aus Wirtschaft, Sport und universitärer Forschung aufführen, welche verschiedene Blickwinkel auf „neue" Schlüssel-Wirkungen in der Führung aufzeigen sollen:

1. Beispiel Wirtschaft: Glück als Gratmesser für Erfolg

Hier kann als Beispiel der Hotelier **Bodo Janssen** von der Hotelkette Upstalsboom dienen. Er zeigte als Arbeitgeber auf, warum Glück der Mitarbeitenden der Gradmesser für Erfolg eines Unternehmens sein kann. Er sagte:

> „Als Führungskraft muss man sich bewusstwerden, dass man dafür da ist, Menschen zu führen", erzählt **Bernd Gaukler**, Personalchef der friesischen Hotelkette Upstalsboom. „Das ist kein Privileg, sondern eine Dienstleistung." Gauklers Aussage wiederspiegelt das Credo von Bodo Janssen, dem Inhaber der Hotelkette. „Das gelingt", gemäß Janssen „indem ich an sie glaube, ihnen vertraue und ihnen im Unternehmen das Spielfeld gebe, auf dem sie ihr Potenzial entfalten können."

Der **Paradigmenwechsel** besteht darin, dass Erfolg neu definiert wird.

Janssen: „Es geht darum, für sich selbst Erfolg zu definieren und sich zu fragen, was wirklich glücklich macht. Das ist kein esoterischer Spaßbegriff, sondern für jede Führungskraft eine ganz persönliche und individuelle Definition." Erfolg bedeutet für ihn: „Der Anblick eines glücklichen Menschen. Das ist das, was mich inspiriert und vor allen Dingen etwas, was mir keiner nehmen kann."

In Bezug auf den Mitarbeiter bedeutet das aufgrund einer Potenzialanalyse Kompetenzen, Fähigkeiten und Talente optimal in Bezug zu den Aufgaben zu nutzen und einzusetzen. Zielführend sei, dass es keine Funktionen und keine Positionen mehr gibt, sondern nur der Persönlichkeit entsprechende Aufgaben.

Zahlreiche Unternehmen und Chefs erschaffen gerade eine Führungskultur, in der Mitarbeiter ihre Potenziale besser entfalten können.

Anders wird es womöglich auch nicht gelingen, die Herausforderungen zu meistern, denen sich viele Firmen heutzutage stellen müssen.

Wir empfehlen hierzu das Buch: Die stille Revolution – Führen mit Sinn und Menschlichkeit (Janssen 2016)

2. Beispiel Sport: Bestes geben bei Wohlgefühl

Der **Paradigmenwechsel** im Sport, wo z. B. eher Mentalarbeit, Taktiken, Kampf, Einsatz und Kraft als Wirkkräfte für eine positive Zielerreichung im Vordergrund stehen, besteht auch dort darin, die Sportler als Menschen zu betrachten und über das Wohlfühlen ihr bestes Potential zu aktivieren und zu nutzen.

Als Beispiel, wie man es als Trainer anders machen kann, dient Carlo Ancelotti. Seine Philosophie bezeichnet er als „Quiet Leadership", die ruhige Methode.

Er glaube daran, dass eine Führungskraft nicht mit eiserner Faust regieren müsse, um Autorität zu behaupten.

Er sagt: „Es ist wirkungsvoller Macht und Einfluss indirekt auszuüben. Zuhören, Vertrauen aufbauen, Meinungen einholen, für Persönliches interessieren, empathisch sein, gelassen bleiben, Ruhe ausstrahlen." (Ancelotti 2016)

Seine Losung lautet: „Spieler geben ihr Bestes, wenn sie sich wohlfühlen. Ich meine, sie sollen sich innerlich wohlfühlen. Das Wohlfühlmoment liegt im gegenseitig aufgebauten Vertrauen." Demnach sieht er die „Vorbildwirkung und Beeinflussung durch Vertrauen sind besser als Zwang".

(Handelsblatt 2016a; Ancelotti 2016, S. 10, 118, 170.)

Den Begriff wohlfühlen möchte wir gerne noch ergänzen mit Wohlbefinden und Wohlsein. Diese Begriffe ergeben in der Summe eine starke Wirkung:

Wohlfühlen (Herz, Bauch) = emotional, in den Gefühlen kraftvoll sein
Wohlsein (Gehirn)   = geistig, gedanklich spritzig gehaltvoll sein
Wohlbefinden (Körper)   = vital, energiereich, ganz in seiner Kraft sein

Dies trifft ja nicht nur für den Sport zu, wo der Körper, Gehirn, Herz und Bauch eine starke Einheit bilden sollten, um die persönlichen Ziele zu erreichen. Wir können hier wie so oft die Erkenntnisse aus dem Sport für die Wirtschaft als auch auf jeden Menschen persönlich übertragen bzw. nutzen. Ancelotti (2016) weiter: „Ich versuche den ganzen Menschen zu sehen und ihm zu helfen, sich selbst in einem umfassenden Sinne zu begreifen." Dazu nutze er gegenüber den Menschen vier Elemente: 1. „Ich sprach mit ihm darüber"; 2. „indem man ihm zuhört" und 3. „Man muss sich eben für Menschen interessieren" und 4. „manchmal auch Geduld haben."

Das Buch „Quiet Leadership – Wie man Menschen und Spiele gewinnt" von Carlo Ancelotti enthält viele Hinweise und gute Zusammenfassungen für die einfache tägliche Nutzung in der Führungsarbeit.

3. Beispiel universitäre Wissenschaft: Warmherzigkeit als Führungsstärke
Der **Paradigmenwechsel** liegt hier darin, dem Herz (Warmherzigkeit, Herzblut), und in Folge der Menschlichkeit wieder mehr Raum zu geben.

Der größte Vertreter der emotionalen Ebene bzw. das Zentrum der Emotionen ist unser Herz. Ich (Claus Walter) bezeichne das Herz auch gerne als „Gefühlshirn".

Wenn wir uns von der rein despektierlichen Betrachtung des Herzens in Verbindung mit Liebe lösen und die Urkraft des Herzens betrachten (Kap. 5 Meine Resonanz) so hat das Herz einen Faktor, der in der elektromagnetischen Kraft 5000-mal größer ist als die des Gehirns.

Dies hat auch die Wissenschaftswelt wie die Harvard University erkannt und für Führungskräfte den nachfolgenden Blog verfasst:

„Warum Warmherzigkeit die wahre Stärke ist" Immer mehr Studien zeigen: Warmherzigkeit ist der optimale Weg, Menschen zu erreichen. Sie ermöglicht Einflussnahme, indem sie Vertrauen schafft und die Kommunikation und die Aufnahme von Ideen fördert. Wer dagegen zuerst seine Kompetenz herausstellt, wie das bei vielen Menschen üblich ist, schadet der Führungsqualität. Dann fehlt die Vertrauensbasis.

Wie wichtig es ist, Wärme auszustrahlen, zeigt sich in vielen Belangen, die eindrucksvoll deutlich machen, dass Sie zu Menschen, die Sie führen wollen, zunächst eine Beziehung aufbauen sollten.

Zugehörigkeitsgefühl als Grundbedürfnis Menschen wollen dazugehören. Einige Psychologen sagen sogar, dieses Bedürfnis gehöre zu den menschlichen Grundbedürfnissen. Die Neurowissenschaftlerin Naomi Eisenberger und ihre Kollegen fanden in Experimenten heraus: Das Bedürfnis dazuzugehören ist derart stark, dass der Schmerz, ausgeschlossen zu werden – selbst von Fremden –, mit starken körperlichen Schmerzen vergleichbar ist.

„Wir" gegen „die" Wenige Bereiche wurden in den vergangenen Jahrzehnten von Sozialpsychologen so eingehend untersucht wie die Gruppendynamik. Aus gutem Grund: Die Loyalität der eigenen Gruppe gegenüber ist so stark, dass Menschen selbst unter extremen Bedingungen – zum Beispiel, wenn sie genau wissen, dass die Mitgliedschaft zu einer Gruppe zufällig festgelegt wurde und dass die Gruppen selbst völlig willkürlich sind – immer Mitglieder ihrer eigenen Gruppe Außenstehenden vorziehen. Als Führungsperson müssen Sie dafür sorgen, dass Sie Teil der wichtigsten Gruppen Ihres Unternehmens sind. Mehr noch: Sie sollten versuchen, das Vorbild, der gewählte Vertreter der Gruppe zu sein. Sobald Sie einer von „denen" sind – Management, Geschäftsführung, „die da oben" –, bröckelt Ihre Gefolgschaft.

Der Wunsch, verstanden zu werden   Menschen haben ein tiefes Bedürfnis, gehört und gesehen zu werden. Das Traurige ist: Machtpositionen verringern die Fähigkeit, sich in andere hineinzuversetzen – dabei ist es für gute Führung enorm wichtig, andere Sichtweisen nachzuvollziehen. Aber wenn wir Macht haben über andere, sind wir weniger in der Lage, sie als Einzelpersonen wahrzunehmen. Deshalb müssen sich Führungspersonen bewusst immer wieder bemühen, sich in die Menschen hineinzuversetzen, die sie führen (Harvard Business Manager 2015).

Diese Paradigmenwechsel sind bereits schon im Einklang und eindeutige Hinweise auf die Inhalte des 6. Kondratieff-Zyklus. Die Hinweise lenken und weisen immer mehr auf das Herz hin. Das Herz hat nichts mit Sentimentalität oder „Herzli" oder Weichei zu tun, sondern dahinter verbirgt sich die stärkste Kraft, die der Mensch hat und auch nutzen sollte. Es ist wie wir schon sagten, unser „Gefühlshirn".

Unsere Bergtour

In einer Pause erzählte Georg eine kurze Story von Oswald Oelz, dem Bergarzt, der mit Reinhold Messner auf den Everest gestiegen war. Georg zitierte einen Auszug aus seinem Buch „Mit Eispickel und Stethoskop", der ihm immer in Erinnerung geblieben ist:

„Das Gehen in einem großen Gebirge und die Rückkehr zum einfachen Leben bringen Ruhe; die Sorgen um Steuern und Karriere verfliegen in der reinen Luft. Wir werden mit einfachen Dingen glücklich: einem geschützten Zeltplatz, der Schutz vor Lawinen und Steinschlag bietet, einem warmen Schlafsack, Brennstoff, um Wasser zuzubereiten, scharfen Steigeisen und einem guten Freund. Deswegen empfinde ich das Bergsteigen als das Privileg, weit weg von unserer verrückten Welt zu sein, um schließlich wieder in ihr leben und funktionieren zu können." Wir waren alle ruhig. Jeder nahm die Worte in sich auf und konnte sich darin hineinfühlen.

2.6   Mensch mit Herz? CHO (Chief Heart Officer) – die neue Führungskraft

Wir befinden uns heute bereits schon in einer Umbruchphase. Dies ist täglich ersichtlich auf der ganzen Welt. Was früher funktioniert hat, geht heute nicht mehr und überall stehen größere Veränderungen an. Dies betrifft natürlich besonders stark die Unternehmen, weil dadurch viele Existenzen gesichert werden. Den Unternehmen und damit ihren Führungskräften kommt natürlich dadurch eine doppelte Bedeutung zu.

Die Beispiele von erfolgreichen Unternehmen sind tatsächlich begründet auf die Rückbesinnung in die Menschlichkeit, gegenseitigem Vertrauen und gemeinsamer Lösungsorientierung.

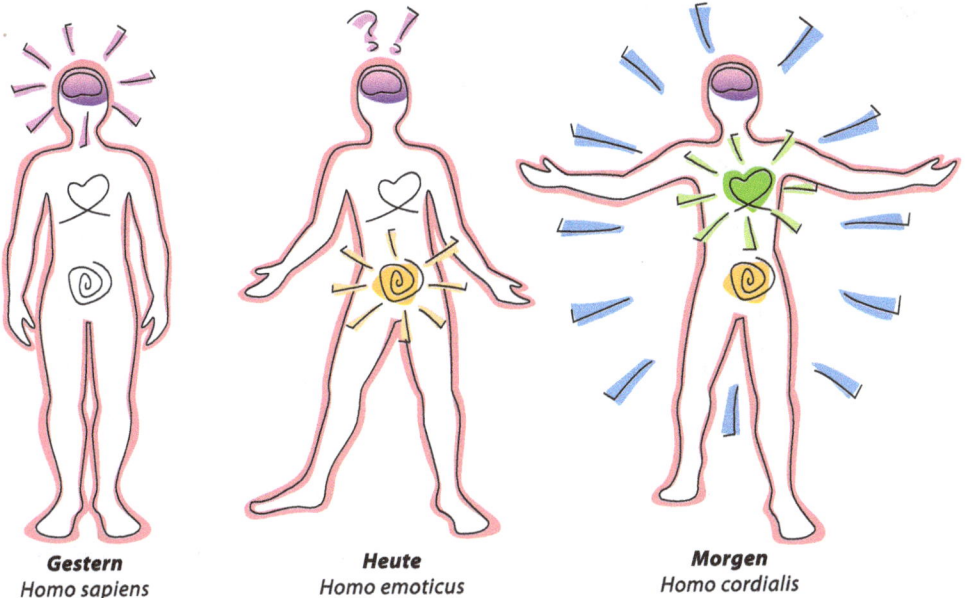

Gestern
Homo sapiens

Heute
Homo emoticus

Morgen
Homo cordialis

Abb. 2.4 „Der Chief Heart Officer (CHO) – die Führungskraft der Zukunft". (Quelle: C for C GmbH, Wetzikon, Schweiz)

Die Unternehmen mit ihren Führungskräften haben heute alle Möglichkeiten sich neu zu definieren und neu zu handeln. Der 6. Kondratieff-Zyklus erfordert ein Umdenken und eine Neuausrichtung.

Der Erfolg liegt also in der Hand eines jeden Unternehmens und deren Führungskräfte oder wie es der Umwelttechniker Walter Thurner (2016), München in seiner Zusammenfassung „Ein Gespräch mit Quanten" beschrieben hat:

. . . , denn letzten Endes legen wir nur selber die Grenzen fest, indem wir definieren was möglich und was unmöglich ist. Unser Herz gibt die Möglichkeiten vor, unser Verstand grenzt sie ein."

Das Herz und die Menschlichkeit zu nutzen ist keine Schwäche, sondern nutzt das Potential des ganzen Menschen, die Verbindung aus geistigen, emotionalen und intuitiven Fähigkeiten. Also darin, dass Gehirn, Herz und Bauch wieder eine Einheit bilden und die Energien zwischen diesen frei fließen. Dies führt zu einem kraftvollen Auftritt, freier Ausstrahlung und in Folge zu mehr handeln in der Menschlichkeit.

Die Führungskraft der Zukunft nenne ich (Claus Walter) daher: Chief Heart Officer (CHO) – siehe Abb. 2.4.

Literatur

Ancelotti, C. (2016). *Quiet Leadership – Wie man Menschen und Spiele gewinnt.* München: Albrecht Knaus.

Gabler Wirtschaftslexikon (2017). Bumerangeffekt. http://wirtschaftslexikon.gabler.de/Archiv/82547/bumerangeffekt-v8.html. Zugegriffen: März 2017.

Gallup-Studie (2014).

Handelsblatt, 3./4./5. Juni 2016a, Nr. 105, S. 54 Literatur, Mit ruhiger Hand und langer Leine.

Handelsblatt, Nr. 110, 10./11./12. Juni 2016b, Karriere, S. 56–57.

Handelsblatt, Nr. 125, 1./2./3. Juli 2016c.

Havard Business Manager (2015). Blog, 24. http://www.harvardbusinessmanager.de/blogs/warum-warmherzigkeit-die-wahre-staerke-ist-a-1054325.html. Zugegriffen: März 2017.

Janssen, B. (2016). *Die stille Revolution – Führen mit Sinn und Menschlichkeit.* München: Ariston.

Nefiodow, L., & Nefiodow, S. (2016). Der sechste Kondratieff – Die neue, lange Welle der Weltwirtschaft. https://www.kondratieff.net/der-sechste-kondratieff. Zugegriffen: März 2017.

Oelz, O. (2011). *Mit Eispickel und Stethoskop.* Zürich: AS.

Purps-Pardigol, S. (17. März 2016) Xing Spielraum – Neue Führung: – Die neuen Chefs: Vertrauen statt Vorschriften.

Thurner, W. (2014). Ein Gespräch mit Quanten. http://walter-thurner.de/Quantenwelt_2.pdf. Zugegriffen: Oktober 2017.

Mein Auftritt: Wer bin ich? Wer will ich sein?

3

Unsere Bergtour

Bei uns ist ja Georg der Bergführer. Begeben Sie sich doch mal in die Rolle des Bergführers als Führungskraft. Wie müssten Sie sein, damit Sie Ihre Gruppe erfolgreich und sicher auf den Berg (und über den Berg) bringen?

Der Auftritt einer Person hinterlässt oftmals eine bleibende positive, eher missmutige oder eine nicht ansprechende Erinnerung oder Wirkung auf andere Personen. Also von Feedbackrunden kennen wir das: Was, ich bin so wahrgenommen worden?

Grundsätzlich möchte jede Führungskraft eine positive Wahrnehmung hinterlassen, weil sie ja gerne einen positiven Erfolg für sich selbst oder das Unternehmen erzielen möchte.

Dieser Auftritt ist jedoch nicht nur das äußere Bild (Frisur, Bekleidung, Gang, Gestik u. v. m.), das eine Person abgibt, sondern es hängt noch mit vielen anderen Dingen zusammen. Hier möchten wir gerne den Vorhang öffnen und einmal hinter die Kulissen des Auftritts schauen und jeder Führungskraft einen anderen Blick auf die Dinge des Auftritts mit auf den Weg geben.

3.1 Wahrnehmung: Was steht dahinter?

Gerne tauche ich für Sie kurz in das Wort Wahrnehmung ein. Die üblichen Bedeutungen des Wortes **Wahrnehmung** kennen Sie ja bereits:

1. mit den Sinnen aufnehmen, erfassen einer Gestalt;
2. etwas was sich als Möglichkeit anbietet nutzen.

Der Blick in die synonyme Bedeutung von **wahrnehmen** gibt noch mehr her: aufnehmen, bemerken, beobachten, erkennen, hören, merken, mitbekommen, sehen, spüren, verspüren und dies dann in Folge nutzen, sich zu Nutze machen.

© Springer Fachmedien Wiesbaden GmbH 2018
P. Buchenau und C. Walter, *Chefsache Menschlichkeit*,
https://doi.org/10.1007/978-3-658-14662-7_3

Alle Wörter, welche mit dem Adjektiv **wahr** beginnen, gehören dem Sinn nach zu „vertrauenswert" und zu der indogermanischen Wurzel *uer- „Gunst, Freundlichkeit (erweisen)"

Wahrnehmen bedeutet demnach = „**in Aufmerksamkeit nehmen, einer Sache Aufmerksamkeit schenken**" (Duden 2013).

Dies gilt demnach sowohl aus Sicht der Führungskraft als auch aus Sicht der Mitarbeitenden oder Zuhörer.

Im Fazit gesehen: Es ist wichtig, wie Sie mit all Ihren Sinnen auf Personen wirken und wie sie von diesen Personen über all deren Sinne wahrgenommen werden. Und wie Sie aufgrund Ihrer vertrauenswerten Art die Gunst und Freundlichkeit dieser Personen gewinnen können, um sie zu aktivieren für sich daraus einen Nutzen zu ziehen.

Was Du wahrnimmst, ist das, was Du für wahr nimmst (Michael H. Buchholz).

Nun wird es spannend, da wir uns ja bisher erst an der Oberfläche bewegt haben.

3.2   Auftritt: Wie werde ich wahrgenommen?

Wahrscheinlich kennen Sie alle das bekannte Beispiel für unterschiedliche Wahrnehmung, das Bild der Hexe und der jungen Frau (siehe Abb. 3.1).

Abb. 3.1 Hexe oder junge Frau. (Quelle: www. SehtestBilder.de)

Jede Person sieht zuerst eine andere Figur. So ist es auch mit der Wahrnehmung von uns als Führungskraft oder Vortragendem.

In unseren Coachings verwenden wir gerne den Spruch:

Vom Schein (Scheinheiligkeit) zum Sein (= mein ehrlicher Wesenskern) und vom Sein zum Scheinen (Authentizität).

Mit Scheinen meinen wir tief von innen heraus, klar, wahr, in Freude ich zu sein und dies nach außen auszustrahlen. Damit bin ich in meiner größten Wirkungs-, Ausstrahlungs- und Anziehungskraft.

Die Wirtschaftswoche berichtete am 28. April 2016 in einem Artikel zu Selbstüberschätzung von Führungskräften von zwei Umfrageergebnissen zu Eigen- und Fremdwahrnehmung von Führungskräften. Demnach zeigt eine TNS Infratest-Umfrage, dass Führungskräfte sich für sehr flexibel halten, während Angestellte genau das Gegenteil sagen. Daneben hat die Initiative Zukunftsfähige Führung (IZF) herausgefunden, dass es einen großen Unterschied gibt, zwischen dem was erfahrene Manager von sich und ihrem Führungsstil halten und dem, wie ihr Team das bewertet.

Ein Führungsstil mit Macht, Druck, Autorität und nur auf die Finanzen oder Umsatz konzentriert, wird nicht mehr zu nachhaltigen Erfolgen führen.

Betrachten wir hierzu nochmals den Bumerang-Effekt, über den wir in Abschn. 2.5 geschrieben haben, dann wird das zu mir zurückkommen, was ich aussende. Nehmen wir uns ein Beispiel an Unternehmern oder Führungskräften, die Dinge mit Herzblut tun. Was erhalten sie zurück?

Eine Zusammenarbeit mit positiv motivierten Mitarbeitenden erbringt genau das, was sich alle Unternehmen wünschen: Erfolge.

Als ein Beispiel erfolgreichen Unternehmertums möchten wir hier kurz Prof. Claude Dornier (1884–1969) (o.J.) zitieren:

„Das Unmögliche wagen, um das Bestmögliche zu erreichen … Mit den Erfahrungen des Unternehmens und seiner Mitarbeiter ergeben sich immense Möglichkeiten für die Zukunft."

Wahrhaft und damit authentisch zu sein ist also nicht nur eine Floskel, die modern klingt, sondern sie ist gelebte Wahrheit, die eine Führungspersönlichkeit erfolgreich macht oder sie ganz schnell auch wieder in der Versenkung verschwinden lässt.

Das Gegenteil von der Wahrheit ist die Wahrheit, da jeder seine eigene Wahrheit als die Wahrheit betrachtet. Dadurch entscheidet am Schluss der Bumerang-Effekt und das wahre Handeln aus einem Unternehmertum mit Herzblut.

Hierzu abschließend ein Spruch von Uwe Schade zu Wahrheit und Schein:

Dein Fühlen ist Wahrheit.
Dein Vorstellen ist Schein.
Du jagst nach dem Schein Und
die Wahrheit verfolgt Dich.
(Uwe Schade, Lyrik eines Landstreichers)

Mit diesem Zitat möchten wir gerne überleiten in das bewusste oder unbewusste Wirken oder Wahrgenommen werden.

3.3   Warum wirke ich so?

Der Erfolg von mir als Vorbild und Führungskraft hängt von mir als Mensch selber ab. Ich wirke mit meinem Bewusstsein (ca. 3–5 %) und mit meinem Unterbewusstsein (ca. 90–95 %) nach außen, siehe hierzu Grafik Abb. 3.2. Auf Details der Wirkung gehen wir im nachfolgenden Kap. 4 ein.

Wenn ich mich nun wundere, warum ich Erfolg oder keinen Erfolg habe bei Auftritten oder bei meinen Mitarbeitenden oder Kollegen, dann liegt dies an meiner persönlichen Wirkung und der damit zusammenhängenden Ausstrahlung und Anziehung.

Ich werde ja einerseits bewusst – gut da kann ich ja noch vieles kaschieren oder verstellen – oder unbewusst wahrgenommen. Bei der unbewussten Wahrnehmung werde ich ungefiltert ohne Wenn und Aber von meinen Gegenübern über die Resonanz und deren Intuition wahrgenommen.

Merkt die Führungskraft, sie kommt nicht so gut an, konnte sie in der Vergangenheit immer noch den Machthebel anlegen. Heute geht dies nicht mehr da, dies sofort in den Produktivitätsverlusten (= Präsentismus: Mitarbeitende sind zwar da, leisten jedoch lediglich 50–60 %) der Unternehmen augenscheinlich wird.

Als Fazit halten wir fest: Will ich Erfolg haben und so sein oder wie ich in meinem Wesenskern wirklich bin? Damit eine Führungskraft und Mitarbeiter andere Personen begeistern, beleben, bewegen und bereichern kann, sollte sie ganz sie selbst sein.

Abb. 3.2 Bewusstsein/ Unterbewusstsein Mensch. (Quelle: C for C GmbH, Wetzikon, Schweiz)

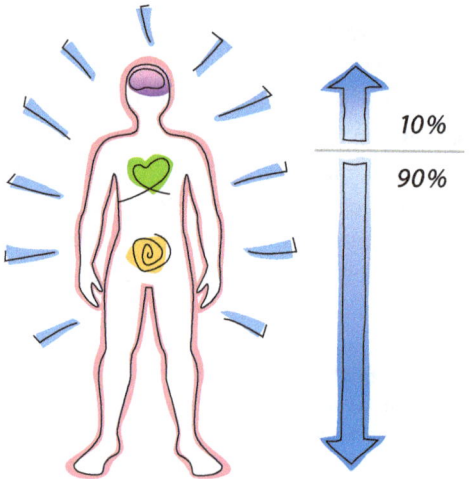

Dies setzt eine kraftvolle und freie Ausstrahlung und Anziehung voraus, die Dank der eigenen Persönlichkeitsentwicklung erreicht werden kann. Wie das geht, darauf gehen wir in den nachfolgenden Kapiteln ein.

Literatur

Dornier Consulting (o. J.). Unternehmensgeschichte. www.dornier-consulting.com. Zugegriffen: Oktober 2017.

Duden (2013). Bd. 7: Herkunftswörterbuch. 5.~Auflage. Mannheim: Bibliographisches Institut.

Meine Wirkung – Ich wirke wie ich bin

Um die Wirkung von Ihnen als Mensch oder als Führungskraft zu erklären, nutzen wir die wissenschaftlichen Erkenntnisse der Quantenphysik zu Wirkungen, Wirkkräfte und Wechselwirkungen. Diese bahnbrechenden Ergebnisse, welche durch eine Vielzahl von namhaften Ausnahmephysikern erforscht und bewiesen wurden, sollen Sie begeistern und Ihnen eine ganzheitliche Sicht der Dinge geben.

Bei der Forschungsarbeit mit den kleinsten Elementarteilchen, den Quanten, wird davon ausgegangen, dass alles auf Energie und schließlich auf Information beruht, welche sich jederzeit verändern kann.

Die Quanten sind „kleinste Informations-Datenträger" und befinden sich in ständiger Bewegung (Schwingung), sie können sich zusammenschließen (Verschränkung), oder sind in ständigem Austausch miteinander und nehmen auch neue Informationen auf.

In der Quantenphysik geht es im Wesentlichen um vier wichtige Grundgesetze, die wir in der Grafik Abb. 4.1 im linken Teil dargestellt haben.

Nehmen Sie einfach diese Grafik zur Hilfe, anhand derer wir Ihnen auf einfache Art und Weise alles erklären möchten:

1. Die Unschärferelation:
   In der quantenphysikalischen Praxis stellte sich heraus, dass man während einer Messung die Eigenschaften eines Elektrons nicht vollkommen erfassen kann. Entweder konnte sein Ort oder seine Geschwindigkeit bestimmt werden, aber niemals beide Faktoren gleichzeitig.
   Ein Elektron befindet sich während der Rotation um den Atomkern überall gleichzeitig.
   Anhand des Beispiels der Untersuchungen eines Hausarztes oder im Krankenhaus wird deutlich, dass dieser bei seinen durchgeführten Untersuchungen auch bei der Nutzung von medizinischen Messgeräten niemals vollständig alle Informationen erfassen, sondern immer nur Teilaspekte des Ganzen messen kann.

© Springer Fachmedien Wiesbaden GmbH 2018
P. Buchenau und C. Walter, *Chefsache Menschlichkeit*,
https://doi.org/10.1007/978-3-658-14662-7_4

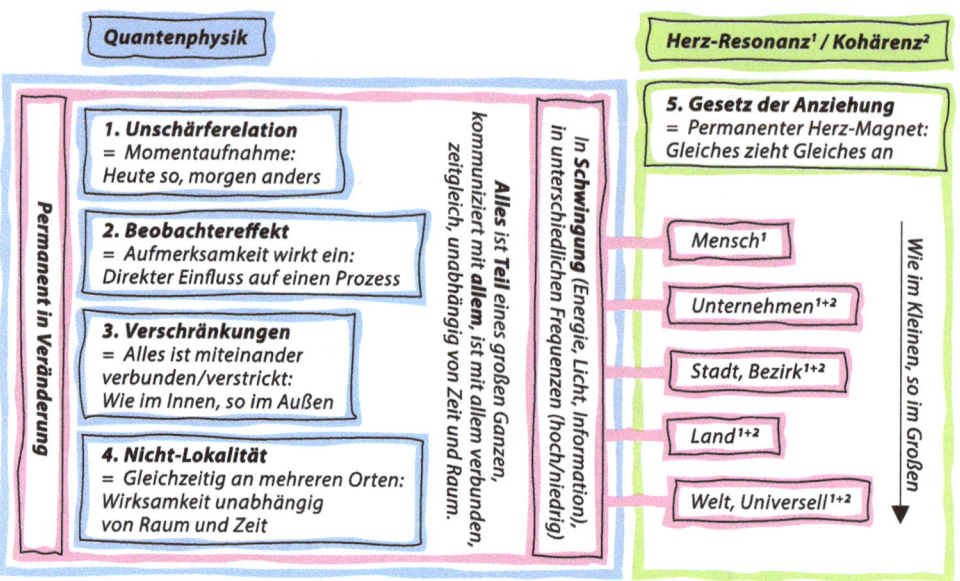

Abb. 4.1 Die fünf Naturgesetze. (Quelle: C for C GmbH, Wetzikon, Schweiz)

Für die Führungskraft bedeutet dies, dass auch sie nur eine größtmögliche Menge an Teilaspekten bei den Entscheidungsfindungen berücksichtigen kann.

2. Der Beobachtereffekt:

Führt z. B. ein Physiker – also ein Beobachter – in einem Experiment eine technische Messung durch, dann kann sich im subatomaren Bereich eine Information verändern. Sie wird von einem unbestimmten, virtuellen Potenzial zu einer ganz bestimmten, materiellen Manifestation.

Einfach ausgedrückt, heißt das nichts anderes, als dass Absicht und Bewusstsein – eines Forschers, Mediziners, Beobachters – das Ergebnis eines jeden Experiments maßgeblich beeinflussen. Dies wurde in dem berühmten Doppelspaltexperiment nachgewiesen.

Das Ergebnis der Messung ist abhängig von der Absicht und der positiven oder negativen Gedankeneinstellung des beobachtenden Forschers, Arztes oder Beobachters. Das Resultat wird dann als Grundlage einer Hypothese, Diagnose und Therapie benutzt.

Im Praktischen bedeutet das: Gehen Patienten wie Ärzte mit einem positiven, von Herzblut und Zuversicht getragenen Bewusstsein ins Behandlungszimmer, nimmt der Behandlungs-, Krankheits- bzw. Genesungsverlauf eine völlig andere Wendung, als wenn Patienten mit einem unpersönlichen Gespräch, einem flüchtigen Check und gar mit negativer oder gehetzter Einstellung abgefertigt und dann mit einem mulmigen Gefühl nach Hause geschickt werden.

Für die Führungskraft bedeutet dies, dass sie mit viel Herzblut und Authentizität unter Einbezug der Mitarbeitenden oder Kunden im Hinblick auf eine positive Lösungsfindung in ein Gespräch gehen sollte. Das Gespräch verläuft dadurch ganz anders, positiver.

3. Die Quantenverschränkung:

Alle Quantenobjekte – das sind Elektronen, Photonen, Neutronen, Protonen, Elementarteilchen –, die jemals Masse- oder Energiekontakt miteinander hatten, sind quantenverschränkt. Das heißt, sie sind energetisch und informativ miteinander verbunden bzw. schließen sich ein.

Alles, was jemals Masse- oder Energiekontakt hatte, ist und bleibt für ewig quantenverschränkt!

Nachweise konnten heute in Forschungen erbracht werden, wo eine Vernetzungsstruktur der einzelnen Neuronen der Gehirnzelle einer Maus über die gleiche Struktur verfügte, wie in Computersimulationen im Universum nachgestellt bzw. gefunden werden konnte.

Der Physiker Anton Zeilinger aus Wien und das Forschungszentrum CERN in Genf hatten diese Quantenverschränkung mit dem Ergebnis nachgewiesen, dass zwei miteinander verschränkte Objekte die Eigenschaft haben, Informationen unendlich schnell und ohne zeitliche Verzögerung voneinander zu übernehmen. Das heißt ändere ich eine Eigenschaft an einem Objekt, ist dies unmittelbar sofort beim anderen Objekt auch erfolgt. Dies zeigten auch Forschungsprojekte des amerikanischen Verteidigungsministeriums.

Wir Menschen sind demnach miteinander verbunden und mit allem verschränkt. Und man spürt derartige Momente meist dann sehr gut, wenn man besonders feinfühlig ist und zu dem verschränkten Wesen eine emotional intensive Beziehung hat.

Beispiel: Der eine denkt an den anderen und der andere ruft ihn an. Oder jemand wollte etwas klären und findet in einem Impuls genau die Antwort im Internet oder in einer Zeitung.

Für die Führungskraft bedeutet dies, stets mit einer positiven Grundeinstellung in Gespräche zu gehen, da positive Gedanken, Gefühle oder Worte sich positiv auf das Gegenüber auswirken. Hierzu hat das HeartMath-Institut in USA ein Beispielvideo zur sogenannten Kohärenz veröffentlicht.

(Siehe hierzu als Beispiel die sieben Regeln guter Kommunikation in Abschn. 4.1.)

4. Die Nicht-Lokalität:

Das Prinzip der Nichtlokalität besagt, dass ein Atom oder ein subatomares Teilchen nicht nur an einem Ort, sondern gleichzeitig an mehreren Orten oder in anderen Dreidimensionen vorhanden sein kann.

Der Mensch ist ja wie jede Pflanze, Tier, Sache auch ein Bestandteil in diesen universellen drei Dimensionen. Er ist eben nicht nur ein materielles, sondern auch ein emotionales und geistiges Wesen. Über die Grenzen seiner dreidimensionalen physischen Existenz hinaus befindet er sich gleichzeitig in weiteren Dimensionen. Er kann über seinen Körper mit dem Herz-Resonanz-Feld Informationen anziehen, die er in seiner materiellen Welt gerade nicht findet.

Denken Sie z. B. an den Satz in einem Meeting „oh, das ist mir gerade in den Sinn gekommen" oder „Mensch, da bringst Du mich auf einen Blitzgedanken". Der Mitarbeitende war in Resonanz (Schwingung) mit einem speziellen Thema oder einer Aufgabe und hat Wissen aus einem anderen Resonanz-Feld erhalten. Dies war möglich, weil er gleichzeitig bewusst oder unbewusst, emotional und geistig in verschiedenen Dimensionen präsent sein kann. Daher sollte ein Mensch auch in den verschiedenen Dimensionen seines Seins ganzheitlich wahrgenommen werden.

Für Führungskräfte bedeutet dies, in Gesprächen ihre Mitarbeitenden oder Kunden auf allen Ebenen abzuholen, auf der geistigen, gefühls- und unterbewussten Ebene. Ein Geschäftsführer erzählte mir, dass wenn sie in einer Geschäftsleitungssitzung zu einem Thema nicht alle ein positives Bauchgefühl hatten, die Entscheidung auf den nächsten Tag verschoben wurde. Dieses Vorgehen hatte sich bewährt.

Im seinem Buch „Der Quanten-Code" hat Dr. Lothar Hollerbach (2012) die vier wichtigen Erkenntnisse der Quantenphysik einfach dargestellt. Abschließend möchte ich gerne die Aussage von Niels Bohr, dänischer Quantenphysiker und Nobelpreisträger (1885–1962) zitieren:

> Wenn man nicht zunächst über die Quantentheorie entsetzt ist, kann man sie doch unmöglich verstanden haben.

Diese Erkenntnisse und wissenschaftlichen Beweise geben daher dem Begriff „Materie" eine völlig neue Bedeutung. Denn auch diese besteht mehrheitlich aus Energie und damit aus Information, welche sich untereinander austauscht und jederzeit ihren Zustand verändern kann.

Aus Sicht der Quantenphysik besteht alles, was wir als „real" gewohnt sind, als feste Materie zu begreifen, aus Energie, Licht, Information und Schwingungen.

Die Schwingungen gehen miteinander in Resonanz, was im Kap. 5 das zentrale Thema sein wird.

Daraus abgeleitet bestehen wir als Mensch auch aus Energie, Licht und Information und sind in Schwingung mit anderen Menschen, Tieren, Pflanzen, Dingen und der ganzen Umwelt.

Unser Bewusstsein mit den Informationen, die in uns gespeichert sind, formt und schafft unsere eigene Realität.

Unser Bewusstsein wird dann vereinfacht gesagt einerseits zur Materie, sprich „real" (Manifestation als Körper) oder die Informationen verbleiben in unserem Unterbewusstsein (Energiefelder wie z. B. Aura, Zellerinnerungen, Gehirnzellen) als „nicht real" in einem energetischen Zustand, der sich, wie vorhin beschrieben, in einer permanenten Veränderung befindet und durch den Beobachtereffekt (Außeneinfluss) mitbestimmt wird.

Nochmals zusammengefasst am Schluss:

Die Quantenphysik ist zu einem Ergebnis gekommen, das sie mit den Schlüsselbegriffen Komplementarität, Wechselwirkungen und Verschränkungen ausdrückt. Nach diesen

Konzepten gibt es keine unabhängigen Quantenobjekte, die Quantenobjekte wechselwirken mit anderen und sie sind sogar dann noch miteinander verschränkt, wenn sie weit voneinander getrennt werden. Dies betrifft alle (Mensch, Tier, Pflanze) und alles (Dinge, Natureinflüsse).

4.1 Wirkkräfte: Alles ist Energie

Sie wissen nun bereits: Materie besteht aus Licht, Energie und Information.

▶ **Wichtig** Gefühle, Gedanken, Worte, Handlungen und Körperhaltungen sind Energie und Informationen, die sich jederzeit in Schwingung und Resonanz befinden.

Daher hat das Gedicht in Abschn. 2.3 – Achte auf Deine Gefühle .... für Führungskräfte und auch jeden Mitarbeitenden die zentrale Bedeutung in der persönlichen Achtsamkeit und im Umgang mit anderen Menschen.

Aus dieser Betrachtung heraus erhält nun die Kommunikation (verbal oder nonverbal) nochmals eine andere Bedeutung.

Die Art und Weise, wie Chefs mit ihren Mitarbeitern kommunizieren, ist wichtiger als der Inhalt. Für Sie haben wir diese sieben goldenen Regeln für die Kommunikation als Beispiel in Bezug zur Verbesserung Ihrer Wirkung als Vorbild aufgeführt (siehe Abb. 4.2).

4.2 Wechselwirkungen: Alles ist mit allem verbunden

Dadurch, dass sich alles und wir Menschen uns mit allem in Schwingung bzw. Resonanz befinden, sind für Führungskräfte natürlich diese Wechselwirkungen mit anderen Personen oder Dingen (Verschränkungen) von zentraler Bedeutung (siehe Abb. 4.3).

Die nachfolgenden vier Hauptaussagen sind eine Synergie zwischen den naturwissenschaftlichen Erkenntnissen und altem Wissen der Geisteswissenschaften:

1. Alles ist Teil eines großen Ganzen
2. Alles kommuniziert mit allem
3. Alles ist mit allem verbunden
4. Alles ist zeitgleich, unabhängig von Zeit und Raum, miteinander verbunden

Was bedeutet dies für Führungskräfte?

Nutzen Sie hochsensible Mitarbeitende, schenken Sie diesen Personen Raum und Vertrauen. Und die „lauten" Mitarbeitenden möchten sich auch gerne einbringen. Lassen Sie

Abb. 4.2 Das Plakat der sieben goldenen Regeln der Kommunikation. (Quelle: impulse, Kommunikation mit Mitarbeitern, Autorin: Verena Bast, 01.03.2016)

sich von Ihrer inneren Stimme und Ihrer Intuition leiten, damit Sie in diesen vielen Wechselwirkungen das Optimale für die entsprechende Situation oder das Thema herausholen können.

Selbst im hochbezahlten Profisport gibt es Beispiele, die das Bauchgefühl erwähnen, wie z. B. Carlo Ancelotti:

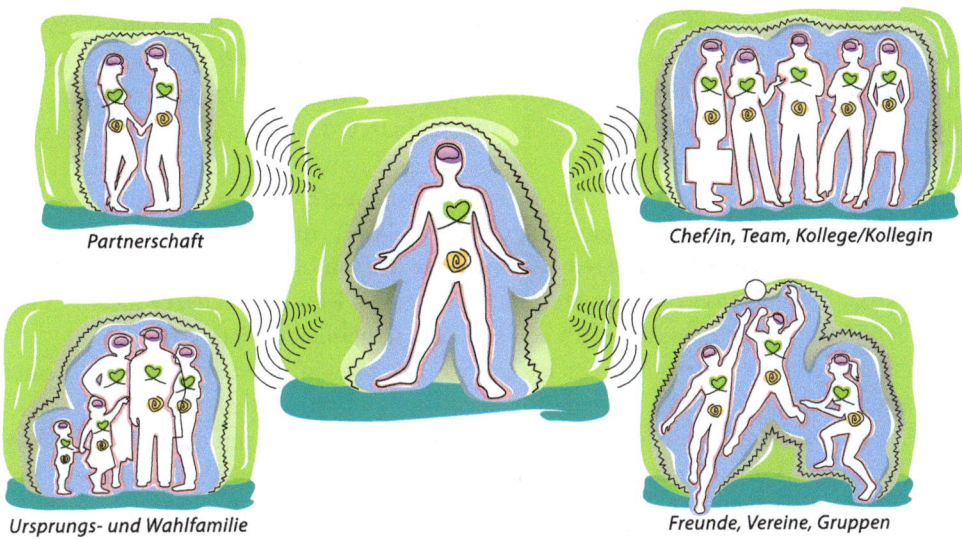

Partnerschaft

Chef/in, Team, Kollege/Kollegin

Ursprungs- und Wahlfamilie

Freunde, Vereine, Gruppen

Abb. 4.3 Wechselwirkungen des Menschen. (Quelle: C for C GmbH, Wetzikon, Schweiz)

Ich sollte manchmal weniger meiner Vernunft und mehr meinem Bauchgefühl vertrauen. Aber andererseits zahlt es sich hin und wieder aus, geduldig zu sein. Und … dann müsste ich auch nach genauester Prüfung des damaligen Entscheidungsprozesses antworten, dass ich am Ende auf meinen Bauch gehört habe – und nicht auf das, was alle um mich herum sagten (Ancelotti 2016, S. 184, 186).

4.3 Meine Wirkungen: Wie im Innen so im Außen

Wenn wir an dieser Stelle von „**Innen**" sprechen, meinen wir das gesamte **Informationsfeld** eines Menschen (siehe Abb. 4.4 unten, alles, was innerhalb des grünen Feldes liegt). Dies besteht aus unserem Körper = physischer Körper und unserem energetischen Körper = alle Energiefelder um den Menschen herum (Auraschichten), sowie die „Zellerinnerungen" (siehe blaue Punkte in Abb. 4.4 unten), die auf Zellenebene in unserem Körper gespeichert sind. Der Körper mit seinen an den Zellen gespeicherten Zellerinnerungen und die Energiefelder tragen bereits schon viele Erinnerungen, wie z. B. Ängste, negative Emotionen, Schocks, Traumas in sich, die einerseits von uns selbst erlebt wurden oder von unseren Ahnen oder noch weiter zurück an uns weitergegeben wurden.

In unserem physischen Körper (physisch: Haut, Faszien, Muskeln, Organe, Knochen usw.) und unserem energetischeren Körper (psychisch: Gedanken, Gefühle, Zellerinnerungen auf Zellenebene und in Energiefeldern der Auraschichten) sind somit eine Manifestation an Energie, Licht, Informationen. Die Informationen sind dabei eine Sammlung von Erinnerungen. Diese Erinnerungen sind dann analog den Informationen in der IT wieder digital. Damit schließt sich wieder der Kreis, wie im vorigen Kapitel beschrieben.

Diese Erinnerungen können positiver oder negativer Natur sein. Sie arbeiten wie eine Art „Software" in unserem physischen und energetischen Körper und wirken nach außen. Im Kap. 5 erklären wir, was damit im Zusammenhang mit der Herz-Resonanz passiert. In fernöstlichen Philosophien und Geisteswissenschaften wird dafür oft das Wort Karma verwendet.

Karma wird bezeichnet als ein spirituelles Konzept, nach dem jede Handlung – physisch wie geistig – unweigerlich eine Folge hat (vgl. Wikipedia 2017).

Vereinfacht gesagt: **Ich wirke wie ich bin, oder der ich bin.**

Also der Zusammensetzung entsprechend aus meinem Körper, meinen Gedanken, meinen Gefühlen, meinen Energiefeldern und den Zellerinnerungen (siehe Abb. 4.4).

Ein Mensch wirkt also so wie er ist und je älter er wird, wiederholen sich in einer immer schnelleren Folge Muster und Erlebnisse.

Man spricht beim Menschen anders als bei den Verschränkungen der Quantenphysik (Kap. 4, Punkt 3. Die Quantenverschränkungen) von sogenannten Verstrickungen. Der Mensch ist verstrickt mit Themen, Verhaltensmustern, Verhaltensweisen, Glaubenssätzen, Erlebnissen, speziellen Arten von Menschen oder Dingen. Diese können sich im Privatleben, in der Freizeit oder im beruflichen Umfeld zeigen.

Führungskräfte können dadurch Konflikte bei ihren Mitarbeitenden viel schneller „entschlüsseln", indem sie hinterfragen, wo denn die eigentliche Ursache des Konfliktes herkommt.

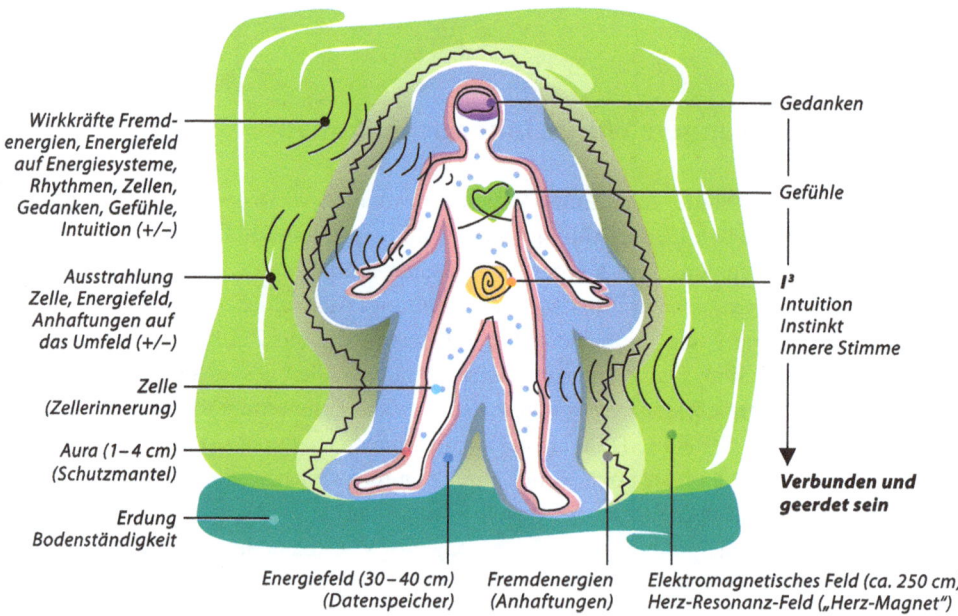

Abb. 4.4 Wirkkräfte von mir als Mensch. (Quelle: C for C GmbH, Wetzikon, Schweiz)

▶ **Wichtig** Bitte hören Sie genau hin, beobachten Sie und hören Sie auf Ihre eigene Intuition. Dies in Bezug zur:
Reflektion der eigenen Person: Was hat dieser Konflikt mit mir zu tun?
Reflektion in Bezug zu anderen Menschen: Was hat dieser Konflikt mit deren Leben zu tun?

Nach dem Motto: „Was will mir das wieder sagen? Woher kenne ich das evtl. aus meinem Leben oder aus dem Leben meiner Ahnen? Oder ich weiß einfach nicht, warum mir das passiert?" (siehe hierzu Abschn. 4.5 und Kap. 5)

4.4 Authentische Wirkungen

Unsere Bergtour

Georg war schon seit vielen Jahren unser Bergführer. Wir hatten schon viel Pech und Pannen erlebt mit anderen, die sich als große Bergführer ausgegeben hatten und mit denen wir uns alle nicht wirklich sicher gefühlt hatten. Bei Georg wussten wir, auf den ist Verlass, bei dem stimmt alles.

Besonders Führungskräfte hegen oft den Anspruch authentisch sein zu wollen oder sie geben sich oft authentisch. Frage: Würden Sie einen Bergführer anheuern, der nur vorgibt ein großer Bergführer zu sein?

Ob eine Authentizität vorliegt, erfahren Sie oft aus Feedbacks von Mitarbeitenden (s. Erfahrungen von Bodo Janssen zu Beginn seiner Hotelinhaber-Karriere) oder aus Mitarbeiterbefragungen.

Authentisch sein heißt: echt und glaubwürdig, den Tatsachen entsprechend sein.

Wichtige Synonyme für authentisch sind: sicher, ungeschönt, unverfälscht, verlässlich, wahr und zuverlässig (vgl. Duden Das Synonymwörterbuch, Band 8, 5. Auflage, 2010).

Hand aufs Herz, wie viele Personen nehmen Sie heute zu 100 % authentisch wahr?

Authentisch kann eine Person auch nur werden, wenn sie an sich selbst gearbeitet hat und die eigenen Potentiale und den eigenen Wesenskern freigelegt hat. Wenn Kopf (Intellekt), Herz (Gefühlshirn) und Bauch (Intuition) und Körper (nonverbale Sprache) eine ruhende Einheit bilden.

An dieser Stelle einen philosophischen Einschub von Roland R. Ropers (Die Hochzeit von Intuition, Intellekt & Inspiration, 29. Juni 2016), den wir mit freundlicher Genehmigung hier einfügen möchten:

Beide Worte – **Intuition** wie **Intellekt** – haben mit dem inneren Universum des Menschen zu tun und führen zur **Immanenz**. Bevor wir „**intellektuell**" werden können, müssen wir „**intuitiv**" sein. Das lat. Deponens „**intueri**" bedeutet: hineinschauen, nach innen blicken. Die Stammformen sind: **intueor** (ich schaue hinein), **intuitus sum** (ich habe hineingeschaut). Das logisch folgende lat. Substantiv „**intuitio**" existiert leider nicht, darum haben wir es in die lateinische Sprache eingeführt. Wird daneben die **Inspiration** betrachtet, ist dies ein passives, kosmisch-geistiges Geschehen. Ich werde quasi inspiriert von der Wirklichkeit der immerwährenden Schöpfung. Der Mensch ist **Co-Creator** der evolutionären Schöpfung und befindet sich beständig mitten drin, niemals außerhalb.

Nachdem wir tief bei uns selbst innen hineingeschaut haben, können wir an der Quelle des Ur-Grundes die Edelsteine des Wissens aufsammeln: „**intra legere**", im Inneren sammeln und lesen. „**Collectio**" (deutsch: Kollektion) ist eine Sammlung von vielen Dingen. Intellekt ist ein ständiges Sammeln an der Quelle.

Und die **Drei-Einheit** wird dann durch die **Immanenz** vollendet (lat.: **manere** = bleiben, wohnen; **immanere** = im Innersten wohnen). Dann können wir mit **Gregor d. Gr.** (540–604), dem ersten Benediktinermönch, der Papst wurde, sagen: „**Habitare secum**" (Bei sich selbst zu Hause sein).

Bei sich selbst zu Hause sein bedeutet dann tief im Grunde seines Wesens authentisch zu sein. Authentizität zeigt sich immer direkt in den Wirkungen mit anderen Menschen.

4.5 Wirkungen mit Menschen: Erlebnisse, Konflikte, Begegnungen

Die Wirkungen, die jemand mit anderen Menschen erlebt in Form von positiven oder negativen Erlebnissen, Konflikten oder Begegnungen, die sogenannten Zufälle, haben einerseits:

- mit mir als Mensch (meine Gedanken, Gefühle, Handlungen, Worte) oder
- mit Weitergaben (Vererbung) an Informationen (Ängste, negative Emotionen, Schocks, Traumas) von früheren Generationen zu tun.

Wir bezeichnen dies als sogenannte Spiegelungen. Wir als Person erhalten im Außen Dinge gespiegelt und ziehen solche Erlebnisse an, die mit uns selbst und unserem Informationsfeld zu tun haben (zur Anziehung siehe Kap. 5.)

„Die Information ist", gem. Prof. Dr. Anton Zeilinger, Quantenphysiker, Uni Wien, „... der Urstoff des Universums", bestätigt dies auch von wissenschaftlicher Seite her.

Heute ist die Zeit bereit dafür, dass Erkenntnisse der Quantenphysik mit denen der Geisteswissenschaften wie z. B. alte Weisheiten und fernöstliche Philosophien zusammenrücken und sich so gegenseitig bestätigen.

Albert Einstein hatte dies einst gut zum Ausdruck gebracht. Hier ein Zitat von ihm: „Falls Gott die Welt geschaffen hat, war seine Hauptsorge sicher nicht, sie so zu machen, dass wir sie verstehen können."

Doch nun braucht es noch einen weiteren Schritt neben den quantenphysischen Erklärungen. Es braucht den Menschen selbst aus der Funktionsweise seines Körpers und seiner Organe.

Betrachten wir den Menschen quantenphysisch, so besteht auch er aus Licht, Energie und Information. Nach außen nehmen wir den Menschen, wie vorher schon erwähnt, mit einem physischen und energetischen Körper wahr. Jeder Mensch ist einzigartig, weil jeder Mensch eine andere Zusammensetzung an Informationen hat, die in ihm gespeichert

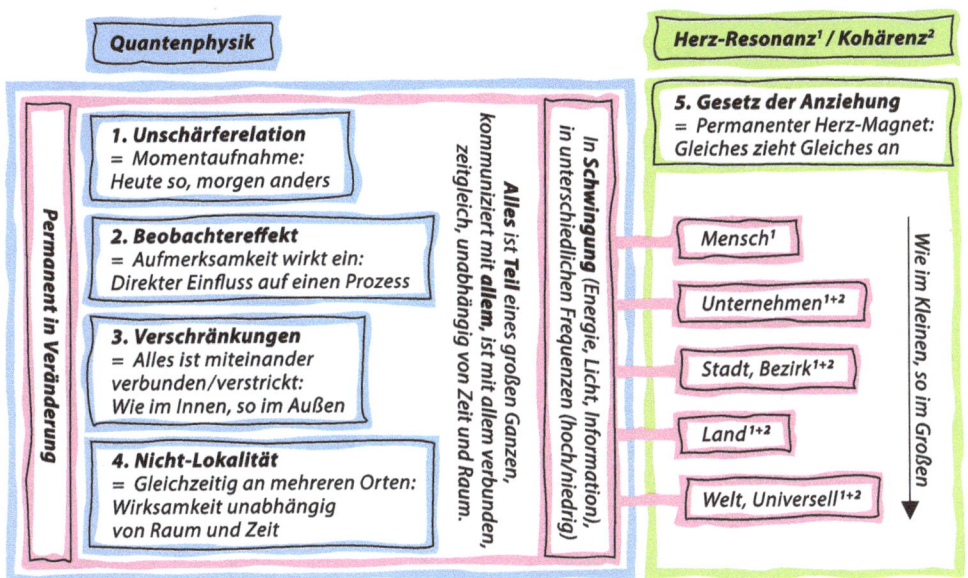

Abb. 4.5 Die fünf Naturgesetze. (Quelle: C for C GmbH, Wetzikon, Schweiz)

sind bzw. ihn zu dem machen was er ist. Diese Bündelung an Informationen und Energie befindet sich ständig in Veränderung und in Schwingung. Jeden Tag fühlen wir uns anders und jeden Tag erleben wir unterschiedlich. Gleichzeitig spürt jeder Mensch die laufende Veränderung an seinem Körper.

Jetzt kommt noch das Herz – unser Gefühlshirn – hinzu (Abschn. 5.1 Die Bedeutung und Wirkung des Herzens). Es spielt mit seiner Resonanz eine zentrale Rolle. Es wirkt nämlich wie ein Magnet.

All das, was nun an Informationen in einem Menschen gespeichert ist, zieht das Herz mit seinem elektromagnetischen Resonanz-Feld an. Ob wir wollen oder nicht. Es funktioniert als Herz-Magnet so lange wie unser Herz physisch schlägt.

Hier kommen nun Antworten zu Ihrer Wirkung nach außen, in Verbindung mit anderen Menschen, sprich: Warum passieren mir immer wieder solche Dinge im Leben?

Zusammengefasst nochmals die Grafik mit den fünf Naturgesetzen (Abb. 4.5). In diesem Kapitel hatten wir uns mit dem linken Teil befasst.

Die Antwort auf obige Frage finden Sie dann im nächsten Kapitel, im den rechten Teil der Grafik (siehe ebenfalls Abb. 4.5).

Literatur

Ancelotti, C. (2016). *„Quiet Leadership"* – *Wie man Menschen und Spiele gewinnt.* München: Albrecht Knaus.

Hollerbach, L. (2012). *Der Quanten-Code.*

Meine Resonanz – Ich ziehe an so wie ich bin

Im Kap. 4 haben wir Ihnen viel über die Energien und Informationen berichtet. Nun geht es um deren Schwingung und Resonanz. Zu den Grundgesetzen der Quantenphysik kommt nun ein weiteres sehr wichtiges Gesetz hinzu. Das Gesetz der Resonanz oder das Gesetz der Anziehung. Es besagt: Gleiches zieht Gleiches an. Wenn wir diese natürlichen Grundgesetze verstanden haben und sie täglich anwenden, sehen wir die Welt und die Dinge mit ganz anderen „Augen".

Das Herz ist das erste Organ bei der Entstehung eines Menschen, das zu wirken beginnt. Das Herz ist sozusagen der Chef im Körper – schaltet das Herz ab, geht gar nichts mehr. Wir bezeichnen es daher gerne als das „Gefühlshirn". Darüber hinaus konnten bahnbrechende Erkenntnisse über die Wirkweisen des Herz-Resonanz-Feldes und Kohärenz-Felder in den Forschungen des HeartMath-Instituts, Kalifornien, USA und über die Herz-Rhythmus-Variabilität in den Forschungen um Prof. Dr. Moser, Uni Graz, Österreich gewonnen werden. Diese Erkenntnisse bereichern heute die klassische Medizin und eröffnen gleichzeitig neue Felder in der energetischen Medizin. Das Herz mit dem Herz-Kreislauf-System und der energetischen Wirkung auf den ganzen Körper ist daher das zentrale Organ für den Selbstheilungsprozess des Körpers.

5.1 Die Bedeutung und Wirkung des Herzens und der Herz-Resonanz

Das Herz wird entweder belächelnd mit dem Wort „Liebe" oder Lieblosigkeit abgetan. In Wirklichkeit vereint jeder Mensch drei Herzen in seinem „Körper": das organische Herz, das emotionale Herz (auch Zentrum der Gefühle genannt) und das spirituelle Herz (Verbindung zur Ur-Energie, Initialenergie).

Für das Herz haben wir den Begriff „das Gefühlshirn" entwickelt.

Wenn das emotionale Herz belastet oder verschlossen ist und die Energieflüsse im emotionalen und spirituellen Herz blockiert sind, können diese Störungen langfristig zu Erkrankungen führen. Dies bestätigen im Vergleich dazu auch die Zahlen der Weltgesund-

© Springer Fachmedien Wiesbaden GmbH 2018
P. Buchenau und C. Walter, *Chefsache Menschlichkeit*,
https://doi.org/10.1007/978-3-658-14662-7_5

heitsorganisation (WHO). Demnach entwickeln sich Herzerkrankungen und Depressionen bis 2020 zu den führenden Volkskrankheiten. Das Herz ist demzufolge in all seinen Funktionen belastet.

Die Wirkung des Herzens/der Herz-Resonanz

Nach dem Gesetz der Resonanz sind Menschen, Tiere, Pflanzen und Naturelemente über Schwingung miteinander verbunden. Innerhalb des Herz-Resonanz-Feldes befindet sich das Energiefeld, vergleichbar mit einem „Computer-Datenspeicher". Darin und auf Zellenebene (Zellerinnerungen) sind emotionale Themen, z. B. positive und negative Gefühle, Ängste, Wut, Aggressionen, sowie Schockerlebnisse, gespeichert. Hinzu kommen Verhaltensweisen und Überzeugungen von uns selbst und zurückliegenden Generationen unserer Ahnen. Dies möchten wir hier nur nochmals gerne wiederholen.

Das Herz-Resonanz-Feld, transformiert diese im Energiefeld gespeicherten Informationen in elektrische und magnetische Wellen und übt, wie ein Magnet, entsprechende Anziehungskraft aus (siehe Abb. 5.1).

Allerdings verhält sich das Herz-Resonanz-Feld entgegengesetzt zur bekannten Funktionsweise eines Magneten. Während sich beim „normalen" Magneten die gegensätzlichen Pole (Plus und Minus) anziehen, zieht beim Herzmagneten **Gleiches Gleiches** an. Negative Schwingungen ziehen demnach Negatives und positive Schwingungen Positives an.

Die negativen Schwingungen der Herz-Resonanz empfinden wir stärker als die positiven Schwingungen. So bleiben auch heute noch Erlebnisse wie z. B. negative Emotionen,

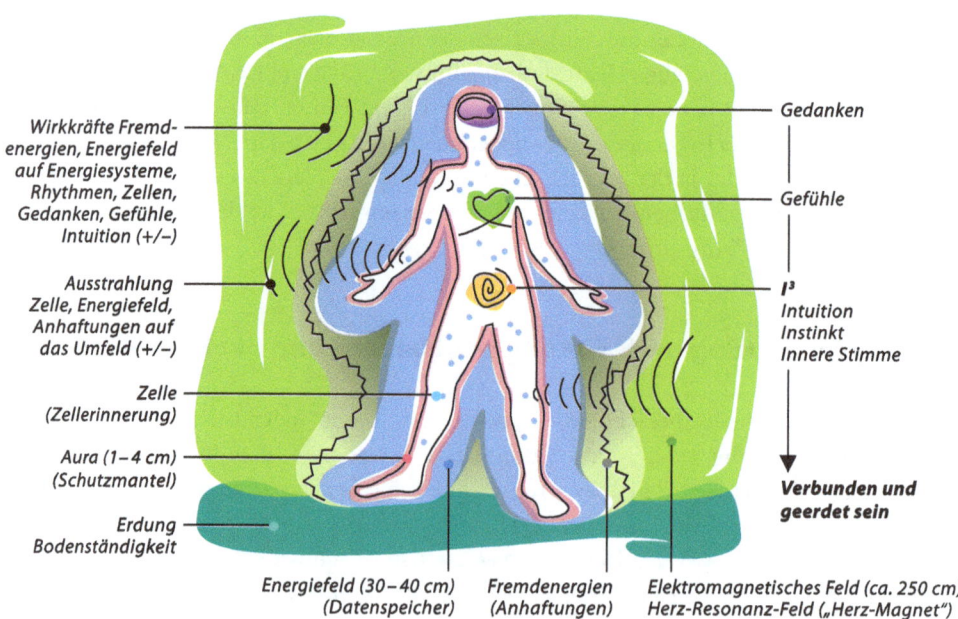

Abb. 5.1 Wirkkräfte von mir als Mensch. (Quelle: C for C GmbH, Wetzikon, Schweiz)

Ängste, Aggressionen, ein Schock oder ein Trauma in anhaltender Erinnerung und wirken vergleichbar mit den magnetischen Störfeldern für einen herkömmlichen Kompass: Sie lenken einen Menschen von seiner ursprünglichen inneren Ausrichtung ab.

Für Führungskräfte bedeutet dies jeweils immer auf die Ursache eines Konfliktes oder negativen Erlebnisses zwischen Mitarbeitenden zu achten. Ziehen sie sich gegenseitig an und lösen gleiche Konflikte aus, welche bereits schon in ihren Ahnenreihen passiert sind? Durch die Kenntnis des Gesetzes der Resonanz und die Anwendung des Herz-Resonanz-Coachings lassen sich Konflikte sehr schnell lösen und die Ruhe im Unternehmen wieder schneller herstellen. Darauf gehen wir mit Lösungsmöglichkeiten im Kap. 8 ein.

5.2   Herz-Magnet: Anziehung und Ausstrahlung meines Herzens

Informationen und Energien des Körpers sind in Schwingung. Das Herz-Resonanz-Feld zieht wie ein Herz-Magnet all die gleichen Informationen und Energien an, die auch in uns vorhanden, gespeichert oder in Schwingung sind (siehe Abb. 5.2).

Was ist die Herz-Resonanz bzw. der Herz-Magnet?

Jeder Mensch „sendet" und „empfängt", ähnlich einer Sendeantenne, Informationen. Die Sendeantenne des Menschen ist sein elektromagnetisches Feld des Herzens, auch Herz-Resonanz-Feld genannt. Es erstreckt sich mit einem Durchmesser von rund zweieinhalb Metern rund um das Herz.

Innerhalb des Herz-Resonanz-Feldes wirken zwei Impulse: die elektrische Kraft des Herzsignals (EKG) und sein Magnetfeld (Anziehung). Die elektrische Kraft (EKG) ist

Abb. 5.2 Der Mensch mit seinem Herz-Resonanz-Feld und Herz-Magneten. (Quelle: C for C GmbH, Wetzikon, Schweiz)

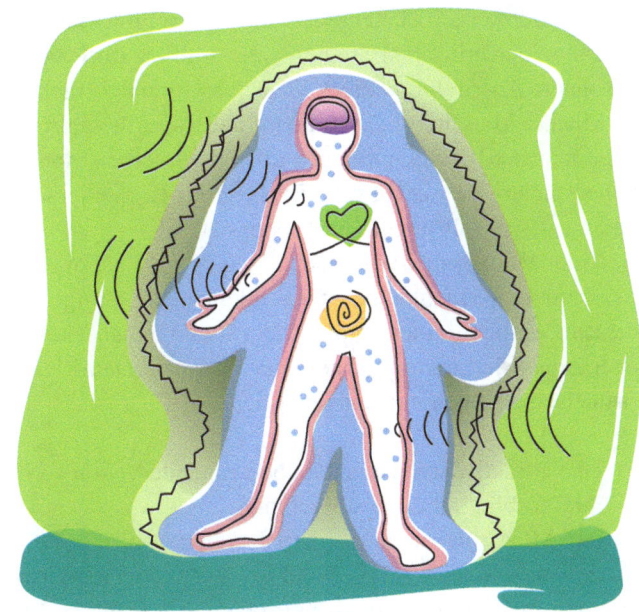

60-mal stärker, das Magnetfeld ist sogar 5000-mal stärker als die entsprechenden Signale des Gehirns.

Der Herz-Magnet zieht das an was an Informationen in uns schwingt, ob wir wollen oder nicht. Je älter eine Person wird, desto schneller erlebt sie die angezogenen wiederkehrenden Muster in Form von gleichen Konflikten oder Erlebnissen. Dies bleibt so lange, bis die Person dies erkannt und diese Konflikte bzw. Erlebnisse neutralisiert hat. Danach erst kann der Herz-Magnet andere Informationen, die wir z. B. selber gerne bewusst möchten, anziehen.

Für die Führungskraft bedeutet dies:

▶   **Wichtig** Erst wenn jeder Mensch in seinem Herz-Resonanz-Feld von negativen Themen befreit ist, kann er kraftvoll ausstrahlen und das anziehen, was er sich für seinen Erfolg vorstellt.

▶   **Folge** Eine Führungskraft, die nicht durch Persönlichkeitsentwicklung von alten Mustern und Emotionen befreit ist, kann nicht mit starker Präsenz und Wirkung als Vorbild handeln und agieren.

5.3   Charisma: Welche Strahlkraft habe ich? Und wie verändere ich sie?

Charisma steht in der allgemeineren Bedeutung des Dudens für „besondere Ausstrahlung". Ob jemand ein wirkliches authentisches Charisma hat, spürt eine Person erst, wenn sie selbst ganz frei von störenden Informationen ist (siehe Abb. 5.3).

Dies würde auch einhergehen mit den nachfolgenden Informationen:

Laut einer britischen Studie ist ein **stabiles und intensives Selbstwertgefühl** für die besondere Ausstrahlung eines Menschen verantwortlich.

Monika Matschnig, Psychologin und Autorin zahlreicher Ratgeber meint: „Charisma kann man weder wie ein neues Kostüm erwerben, noch kann man es erlernen wie eine Schauspielerrolle", erklärt die Expertin für Körpersprache: „Es kommt von innen heraus und muss sich selbst entfalten" (Focus 2016).

In der Managementwissenschaft wurde das Phänomen Charisma lange Zeit als obskure Erscheinung betrachtet, bis unter anderem J. A. Conger und R. N. Kanungo im Jahr 1987 diesen Begriff in einer empirischen Studie anhand konkreter Verhaltensbeschreibungen operationalisiert und messbar gemacht haben. Demnach werden Führungskräfte als charismatisch wahrgenommen, wenn sie:

1. eine attraktive und zugleich überzeugende Vision vermitteln,
2. ihre Vorbildfunktion wahrnehmen,
3. ihre Mitarbeiter herausfordern und zu besonderen Leistungen inspirieren,
4. ihre persönlichen Stärken und Fähigkeiten weiterentwickeln und sie
5. zu eigenständigen, kreativen Problemlösungen anregen (Wikipedia 2017).

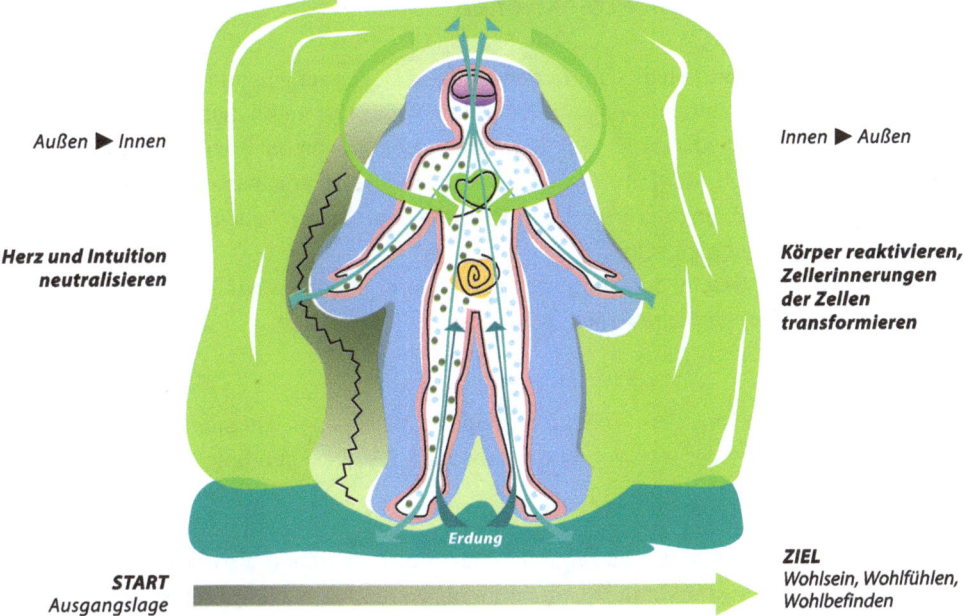

Außen ▶ Innen

Innen ▶ Außen

Herz und Intuition
neutralisieren

Körper reaktivieren,
Zellerinnerungen
der Zellen
transformieren

Erdung

START
Ausgangslage

ZIEL
Wohlsein, Wohlfühlen,
Wohlbefinden

Abb. 5.3 Mensch mit freier Ausstrahlung, Energieflüssen und neutralisierten Informationen. (Quelle: C for C GmbH, Wetzikon, Schweiz)

Wir würden hier noch einige wichtige Punkte aus unserer täglichen Arbeit mit erfolgreichen Führungskräften ergänzen:

6. Ehrlichkeit und Aufrichtigkeit – schafft Glaubwürdigkeit
7. Offenheit bei Reflektionen – offen sein im Sinne von Lernfähigkeit
8. Vertrauenswürdigkeit – einräumen von Schwächen/Fehlern ist ein Zeichen von Stärke

Zusammengefasst bedeutet dies für die Führungskraft:

Wenn ich Dinge mit Herzblut tue (siehe Abschn. 2.6 Chief Heart Officer CHO), meine Energie und Informationen positiv ausstrahle, ich mich im Dreiklang mit meinem Wissen, meinen Fähigkeiten und Talenten ganz in Balance mit meiner Sinnhaftigkeit und meinen Werten befinde, dann strahle ich besonders stark aus.

Dem Erfolg steht dann auch meist nichts im Wege und meine Präsenz ist offen, achtsam und wirkungsvoll.

Betrachten wir das wieder in Analogie zu unserem Bergführer Georg, dann vertraut die Gruppe ihm genau dann und besonders in schwierigen Situationen, wenn die in der Zusammenfassung genannten Punkte erfüllt sind.

5.4 Spiegelungen und Projektionen

Besonders Führungskräfte haben im Leben häufiger Begegnungen mit verschiedenen Personen, die auch im Zusammenhang mit Konfliktbewältigung zu tun haben. In der Arbeitswelt kann es immer wieder zu Konflikten, starken Reaktionen oder negativen Erlebnissen kommen, deren Ursache der Führungskraft manchmal fremd erscheint. Hier kann die Wirkung mit der Ausstrahlung der jeweiligen Führungskraft zu tun haben oder es kann etwas durch sie ausgelöst worden sein.

Dies kann zwei verschiedene Gründe haben. Gerne möchten wir Ihnen die wichtigen Hintergründe für Ihre tägliche Arbeit aufzeigen:

Spiegelungen
Eine Person spiegelt Ihnen ein Thema, das eines Ihrer eigenen Themen oder eines Ihnen vererbten Themas ist oder war, vor. Die Person hält uns quasi den Spiegel vor.

Projektionen
Eine Person projiziert ein Thema von sich auf Sie, wirft Ihnen also etwas vor, das ein Thema dieser Person ist und mit Ihnen gar nichts zu tun hat. Und Sie selbst wissen nicht, warum Sie damit konfrontiert werden.

Schauen Sie sich dazu bitte die Grafiken Spiegelungen und Projektionen an (siehe Abb. 5.4 sowie Abb. 5.5).

Nun zu den Hintergründen:
Bei **Spiegelungen** (Abb. 5.4) konfrontiert Sie eine Person zum Beispiel mit einer negativen Aussage, einem Vorwurf, einer Beschimpfung oder verhält sich aggressiv, ängstlich etc. Ihnen gegenüber.

Nun kann es zwei Reaktionsmöglichkeiten geben:

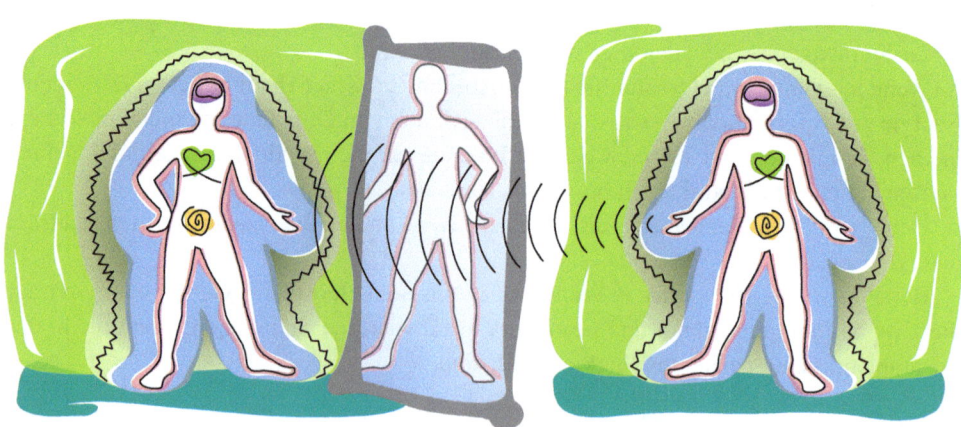

Abb. 5.4 Spiegelungen. (Quelle: C for C GmbH, Wetzikon, Schweiz)

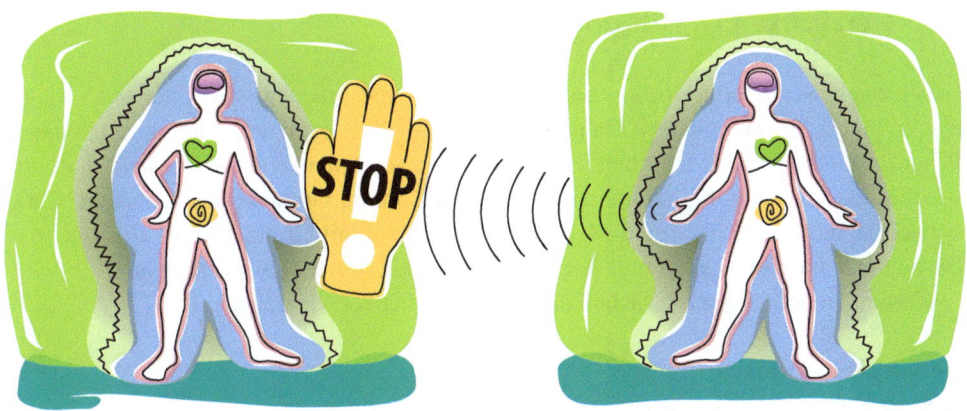

Abb. 5.5 Projektionen. (Quelle: C for C GmbH, Wetzikon, Schweiz)

1. Sie spüren innerlich eine Aggression oder ungute Gefühle hochkommen? Wenn ja, fragen Sie sich einfach, woher kenne ich dieses Thema aus meiner Lebensgeschichte oder aus dem was ich seitens meiner früheren Generationen her weiß.
Dieses Muster können Sie mittels einer Auflösungsarbeit neutralisieren/unwirksam machen.
2. Wenn Sie innerlich ruhig geblieben sind und weder Aggressionen noch ungute Gefühle hochkamen, dann ist Ihnen dieses Thema zwar aus Ihrer Ursprungsfamilie bekannt, jedoch berührt es sie innerlich nicht mehr. Sie haben es offensichtlich schon durch Ihre Persönlichkeitsentwicklung neutralisiert.
Es ist wie: „Das kenne ich von früher, heute berührt es mich jedoch nicht mehr."

Bei den **Projektionen** (Abb. 5.5) haben Sie vielleicht unabsichtlich (unbewusst) durch Ihr Verhalten, durch Worte, Gesten oder Handlungen, bei der anderen Person etwas Negatives ausgelöst. Sie bleiben innerlich ruhig, verspüren weder Aggression noch ungute Gefühle und können mit den Vorwürfen nichts anfangen. In diesem Fall hat ihr Gegenüber seine Themen auf Sie projiziert.

Entschuldigen Sie sich einfach prophylaktisch als entspannende Handlung. Falls die Antwort lautet: „Du brauchst dich nicht zu entschuldigen", wissen Sie, dass es nichts mit Ihnen zu tun hatte. Die Person hat in diesem Fall ihre Themen auf Sie projiziert.

Erkennen Sie, dass dieses Ihnen entgegengebrachte Negative nichts mit Ihnen als Person zu tun hat. Sie sind der falsche Adressat und können dies auch Ihren Mitarbeitenden mitteilen, dass Sie damit nichts anfangen können.

▶ **Wichtig** Bleiben Sie ruhig und sagen Sie:
„Ich lasse die Dinge hier einfach mal stehen!"
Bitte nehmen Sie nichts zu sich in dem Sie an sich zweifeln, da Sie sich sonst unnötig mit diesen Themen belasten.

5.5   Herzlichkeit ist Führungsstärke

Herzlichkeit ist oft ein Attribut, das den Frauen zugesprochen wird oder auch vielen älteren Menschen. Herzlichkeit hat nichts mit Gefühlsduselei zu tun, sondern ist ein natürlicher Bestandteil eines Menschen. Es gibt auch oft Menschen in unserer Gesellschaft, die wie Glühwürmchen auffallen und auch täglich aus ihrem Grundwesen heraus die Herzlichkeit leben. Herzlichkeit und Menschlichkeit sind somit Grundattribute und wichtige Bestandteile unseres Wesens und zeichnen uns auch in dieser Besonderheit aus.

Zusammengefasst kurz der Blick auf die Begrifflichkeit „Herzlichkeit":

Herzlichkeit (Deutsch)
Wortart: Substantiv, (weiblich)

Wortbedeutung/Definition
Eigenschaft/Verhalten einer Person gegenüber einer anderen, die in einer besonderen Freundlichkeit, Zugewandtheit und Hilfsbereitschaft besteht.

Sinnverwandte Begriffe
Freundlichkeit, Liebenswürdigkeit (vgl. Wortbedeutungen.de).

Bedeutungsübersicht

1. Herzliches Wesen, Entgegenkommen
2. Aufrichtigkeit, Echtheit, Ehrlichkeit; herzliche Art
3. von innen kommende Freundlichkeit, herzliche Verhaltensweise, Äußerung

Synonyme zu Herzlichkeit

* Freundlichkeit, Gefühlswärme, Gutherzigkeit, Innigkeit, Liebenswürdigkeit, Nettigkeit, Wärme, Warmherzigkeit; (gehoben) Herzensgüte; (veraltet) Kordialität
* Aufrichtigkeit, Echtheit, Ehrlichkeit, Ernsthaftigkeit (vgl. Duden 2010)

Gehen wir wieder mit diesem Wissen zurück zur Resonanz, dem Inhalt dieses Kapitels, so sollte doch logischerweise die Herzlichkeit bei jeder Führungskraft verankert frei wirken.

Bei den Führungscharakteristiken, -arten, -ausprägungen treffen wir heute zwei verschiedene Welten an. Wir haben versucht, dies in der Tabelle einmal bildlich darzustellen (siehe Abb. 5.6).

Die Wirkungen beider Führungswelten sind ersichtlich in den Analysen von Absenzen, Präsentismus, Potential Burnout/Erschöpfung, indirekte Personalkosten wie z. B. Kosten durch Fluktuation, Personalsuche und Mehrarbeit durch Kollegen.

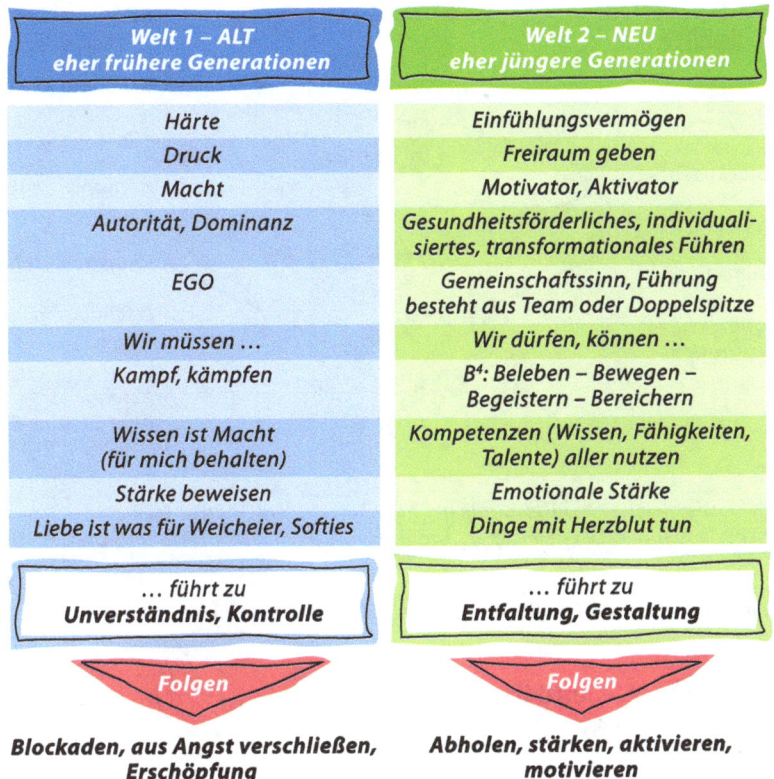

Abb. 5.6 Plakat: Führungscharakteristiken Welt alt und Welt neu. (Quelle: C for C GmbH, Wetzikon, Schweiz)

Die Folgen von Druck und den Handlungsweisen in der Führung aus Führungswelt 1 haben wir in der nachfolgenden Grafik der Druckspirale aufgezeichnet, welche wie eine Abwärtsspirale wirkt (siehe Abb. 5.7).

Neben der Druckspirale gilt auch hier wieder der „Bumerang-Effekt". Was ich gemäß den zwei verschiedenen Führungswelten tue, kommt auch so wieder zu mir zurück.

Die Ergebnisse aus über 500 Coachings mit Personen, die von Burnout oder Erschöpfung betroffen waren, haben dies bestätigt.

Die Freilegung der Herzlichkeit oder Rückbesinnung auf die Menschlichkeit trägt also den Schlüssel für eigene Erfolge oder durch mein Handeln von mir als Führungskraft in sich.

In Bezug auf die Herzlichkeit wachsen heute die Erkenntnisse aus der Naturwissenschaft und Geisteswissenschaft auch immer mehr zusammen bzw. werden in ihrer Einheitlichkeit gesellschaftsfähig.

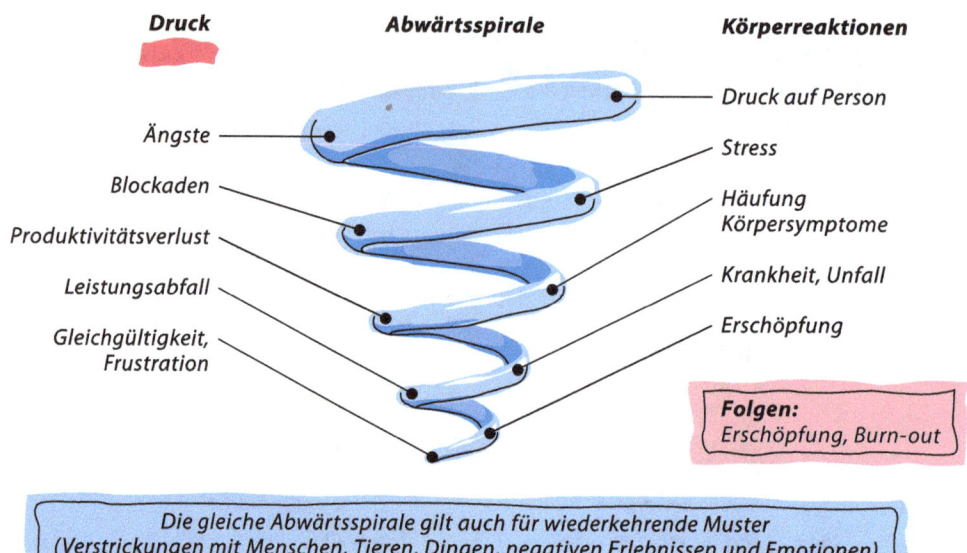

Abb. 5.7 Die Druckspirale. (Quelle: C for C GmbH, Wetzikon, Schweiz)

Das Herz, unser „**Gefühlshirn**", vereinigt somit „drei Herzen" in jedem Menschen (siehe dazu auch Abb. 5.8):

a. Das spirituelle Herz:
    Dahinter verkörpern sich unsere geistigen und spirituellen Ausrichtungen und energetischen Verbindungen. Diese können zur Natur, Kunst, Musik, Glaubensrichtungen, spirituellen oder geistigen Weisheiten oder Lebensweisen sein.
b. Das emotionale Herz:
    Es ist unser eigentliches Zentrum der positiven Gefühle im Zusammenhang mit Liebe. Dahinter verkörpert sich unmittelbar das, was wir im Herzen tragen bzw. gespeichert haben (Zellerinnerungen von über 40.000 Herzzellen) und ausstrahlen. Zum emotionalen Herzen gehört auch die unmittelbare Auraschicht direkt um das Herz herum sowie das Herz-Chakra.
c. Das körperliche Herz:
    Das körperliche Herz ist unser Herzmuskel. Ein einzigartiges Organ, dessen Zellen nie Krebs bekommen und welches über eine eigenständige Zellstruktur verfügt. Es ist das zentrale Steuerorgan, welches in Verbindung mit dem Sinusknoten sowohl energetische als auch körperliche Verbindungen mit dem gesamten Körper hat. Der Sinusknoten ist dabei der Impulsgeber für den elektromagnetischen Impuls, der das Herz zum Herz-Magneten werden lässt. Ein gesundes Herz in Verbindung mit dem Herz-Kreislauf und Immun-System unterstützt den Selbstheilungsprozess des Körpers.

Abb. 5.8 Unser Gefühlshirn vereint drei Herze. (Quelle: C for C GmbH, Wetzikon, Schweiz)

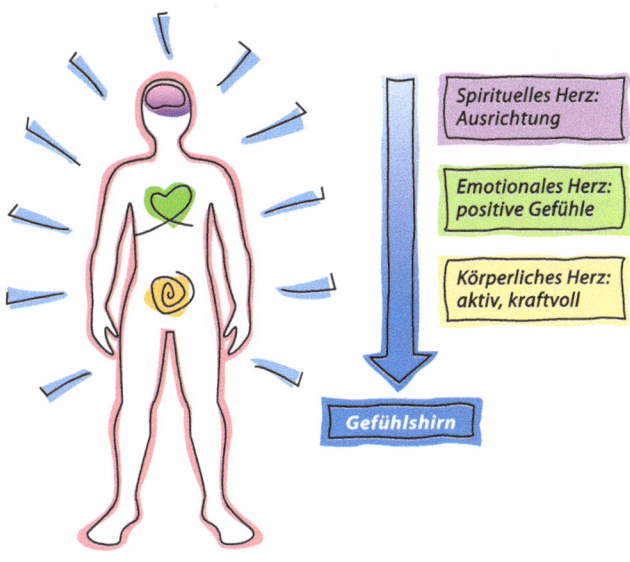

Spirituelles Herz: Ausrichtung

Emotionales Herz: positive Gefühle

Körperliches Herz: aktiv, kraftvoll

Gefühlshirn

Literatur

Duden Synonymwörterbuch, Band 8, 5. Auflage, 2010.

https://de.wikipedia.org/wiki/Charisma. Zugegriffen: Oktober 2017.

Steinlein, C. (FOCUS-Online-Redakteurin) (19. Sept. 2016). http://www.focus.de/wissen/mensch/charisma/experten-tipps_aid_27177.html. Zugegriffen: Oktober 2017.

Meine Präsenz – Ich bin präsent und in Einklang 6

Ich hatte meinem Kollegen, als wir in die Felspassage einstiegen erzählt, dass es im Kalkfelsen doch Edelweiß geben soll. Dies hatte offensichtlich auch Georg gehört. Als wir einen Felsturm umklettert hatten, rief Georg laut: „Schaut mal her, hier steht ein Edelweiß." Tatsächlich da standen sogar mehrere Edelweiße stolz und in voller Blüte. Georg zwinkerte mir zu.

Hinter Präsenz stehen auch noch weitere Synonyme wie Dabeisein, Gegenwärtigkeit, Zugegensein und in der weiteren Bedeutung auch wieder Charisma (Ausstrahlung, Wirkung, Strahlkraft) hineingeschlichen (vgl. Duden 2010).

Wie gegenwärtig ich bei einem Auftritt oder in einem Gespräch bin, hängt davon ab, wie frei ich in meinem gesamten Wesenskern bin. Das hatten wir ausführlich in Kap. 4 und 5 aufgezeigt.

Jeder Mensch und jede Führungskraft sollten jederzeit präsent sein, da so viele Dinge gleichzeitig in verschiedenen Bereichen ablaufen und passieren, dass immer höhere Anforderungen an uns als Mensch und Führungskraft gestellt werden. Präsenz kann sicherlich jeder freilegen und entfalten, daher möchten wir Sie mit den Themen Ihres Lebensrucksacks und im Kap. 7 mit Ihrem Herz-Kompass vertraut machen.

6.1 Der Inhalt meines Lebensrucksacks

In einer Pause erzählte uns Georg eine lustige Anekdote einer früheren Bergtour, die er geleitet hatte. In seiner Dreierseilschaft schnaubte und schwitze ein Mann den Berg hinauf. Er hatte offensichtlich einen schweren Rucksack zu tragen. Er kam kaum nach bis Georg ihn fragte: „Sag mal, was hast Du denn alles in Deinem Rucksack drinnen?". Sie öffneten den Rucksack und erkannten das Dilemma: Der Mann hatte den Rasier-

© Springer Fachmedien Wiesbaden GmbH 2018
P. Buchenau und C. Walter, *Chefsache Menschlichkeit*,
https://doi.org/10.1007/978-3-658-14662-7_6

apparat, Rasierwasser, zwei Flaschen Bier, einen Trainingsanzug dabei. Viel zu viel Überflüssiges, was er gar nicht auf der Bergtour benötigte. Sie verteilten diese Last auf alle anderen Bergkameraden, um deutlich leichteren Fußes vorwärts zu kommen.

Wir alle sind in einer Familie geboren worden, in deren Ahnenreihen schon viel Unterschiedliches an Erlebnissen oder Emotionen passiert ist (Abschn. 4.1 = Informationen). Dieser Lebensrucksack ist dementsprechend schon zum Teil mit Dingen (Themen), wir sagen einfachheitshalber mit Steinen gefüllt. Diese Steine stammen von unseren Ahnen und zum Teil haben wir selbst welche hineingelegt (Abb. 6.1). Irgendwann sollte jeder Mensch ca. in der Mitte seines Lebens diesen Lebensrucksack leeren. Danach kann jeder nur das in seinen Rucksack zurücklegen, was ihm gefällt.

Haben wir uns von dieser Last befreit, ist es wie bei der Bergtour. Sobald der Bergkamerad seinen Rucksack erleichtert hat, kann er leichter aufsteigen. Mit einem zu schweren und vollen Rucksack werde ich das Ziel nie erreichen. Dies gilt auf der Bergtour genauso wie im Führungsalltag.

Gleichzeitig können wir das, was wir an negativen Emotionen und negativen Erlebnissen aus unserem Lebensrucksack herausgenommen haben, auch als unser Fundament für unsere eigene Zukunft nutzen (Abb. 6.2).

Ganz nach dem Motto: Was ist der Vorteil vom Nachteil? Was habe ich aus dem Konflikt oder Erlebnis gelernt? Die Entlarvung der eigenen Muster und Emotionen dienen nachher meinem eigenen Erfahrungsschatz im Leben.

Abb. 6.1 Die Last meines Lebensrucksacks. (Quelle: C for C GmbH, Wetzikon, Schweiz)

Meine Last

„Ich trage eine schwere Last."
Ich lasse die schweren Steine meiner Lebenserfahrung im Rucksack. Diese Last ermüdet und erschöpft mich.

Abb. 6.2 Mein Fundament
für die Zukunft. (Quelle: C for
C GmbH, Wetzikon, Schweiz)

6.2   Präsenz und Wirkung stärken: Lebensrucksack leeren (Mut)

Jahrelang haben sich viele Führungskräfte mit dem Aufbau von Wissen und Aneignen von Fähigkeiten befasst. Leider sind dies nur zwei Säulen gewesen und geben im heutigen Leben mit den höheren Anforderungen nicht die notwendige Standfestigkeit. Denken Sie einmal an einen Grill: Steht dieser gut mit zwei Beinen? Oder steht er ganz gut und stabil mit drei Beinen?

Das dritte Standbein ist die Persönlichkeitsentwicklung. Eine hochwirksame und präsente Führungskraft ist erst dann wirkungsvoll, wenn sie ihren eigenen Lebensrucksack geleert hat und die eigene Persönlichkeit herausgeschält oder freigelegt hat.

Dazu braucht es Mut – weil an die eigenen Themen keiner so gerne drangehen möchte und lieber die Schiene weiter fährt wie verdrängen, unterdrücken, überspielen oder ignorieren. Genauso wie es schon die vergangenen Generationen gemacht hatten.

Zum Glück funktioniert das heute nicht mehr so. Einerseits können Sie das sehr gut an der frappanten Zunahme der psychischen Erkrankungen bzw. Störungen erkennen und andererseits haben wir heute eine Offenheit, über bisher noch in der Tabu-Schublade gelagerte Dinge reden zu können.

Dazu wünsche ich Ihnen **MUT** =

M = Motiviertes
U = Unternehmensfreudiges
T = Tun

Es lohnt sich, denn die Steigerungsform von Mut ist Demut und dies gehört zur Sozialkompetenz der Führungskraft der Zukunft. Denken Sie dabei an den vorher beschriebenen
Bumerang-Effekt.

Gleichzeitig lohnt es sich den Lebensrucksack zu leeren, damit im heutigen digitalen Zeitalter auch die parallel laufende, persönliche menschliche Entwicklung stattfinden
kann. Hierzu mehr im Kap. 9 zur Digitalisierung.

Wer sich vornimmt, Gutes zu wirken,
darf nicht erwarten, dass die Menschen
ihm deswegen Steine aus dem Weg räumen.
 (Albert Schweitzer)

6.3   Präsenz: Aktivierte Intuition, freie Gefühls- und Gedankenwelt

Eingangs dieses Kapitels sprachen wir von **Zugegensein** und **Ausstrahlung, Strahlkraft**.
Beides vereint ergibt eine hohe Wirkung und damit Präsenz (siehe Abb. 6.3).

Um diese hohe Präsenz zu erzielen und damit u. a. auch die heutigen Anforderungen an
die Sozialkompetenz der Führungskräfte zu meistern, braucht es eine Einheit von Kopf,
Herz und Bauch. Erst in dieser Einheit sind wir ganz Mensch und ganz wirkungsvoll.

Zugegensein bedeutet hier: im Kopf klar, konzentriert und kreativ zu sein, gleichzeitig in Verbindung mit dem Bauch (innere Stimme, Intuition, Instinkt) und dem Herz
(Herzblut, Leichtigkeit, Lebensfreude) zu sein. Jede Person sollte sich genügend Raum
einräumen, damit sie ihre ganze **Ausstrahlung und Strahlkraft** mit großer Wirkkraft
entfalten kann.

Erst dann sind wir wirkungsvoll: aufmerksam, ausstrahlend und aktiv = in hoher Präsenz.

Unsere Bergtour

Bald schon sind wir am Basislager angelangt. Unterwegs haben wir bereits gemerkt,
dass wir viel zu viel Dinge und Ausrüstung dabeihaben, die wir für die Gipfelbesteigung nicht benötigen. Aus der Ferne sehen wir schon unser Ziel. Respekt und ein
Strahlen, verbunden mit Vorfreude, kommen in uns hoch. Georg ruft: „Das ist er der
Gipfel" und zeigt mit seinem Stock hinauf.

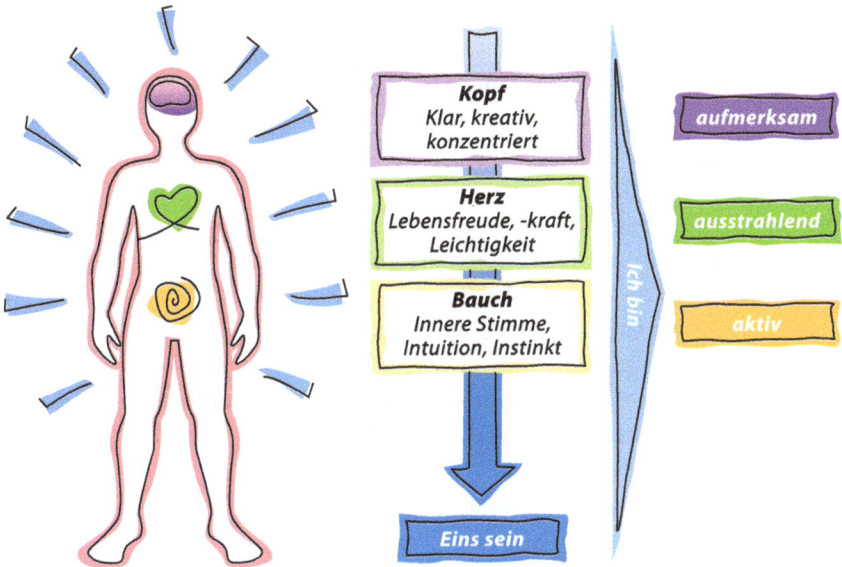

Abb. 6.3 Der Mensch als eine Einheit (Kopf, Herz, Bauch). (Quelle: C for C GmbH, Wetzikon, Schweiz)

6.4   Achtsamkeit verankern

Unsere Bergtour

Während wir so des Weges oder auch durch unwegsames Gelände trollten, gab uns Georg eine kleine Achtsamkeitsaufgabe: „Achtet mal darauf, was ihr alles des Weges entlang seht und achtet mal auf Euch selbst, was ihr plötzlich von Eurer inneren Stimme gesagt bekommt."

Georg hatte recht, hier waren wir eins mit der Natur (Wetter, Schnee, Pflanzen, Steine, Wind, Sonne) also mussten wir noch bewusster auf uns und auf die Natur achten.

Wenn eine Person, wie eine Führungskraft, in hoher Strahlkraft und Präsenz sein möchte, bedarf es auch immer der Achtsamkeit mit sich selbst und seinen Umfeldern (privat und beruflich). Vor dem Hintergrund der Vorbild-Funktion hat dies natürlich nochmals einen höheren Stellenwert.

Es lohnt sich daher einmal genau auf die Achtsamkeit zu schauen. Einige Synonyme zu Achtsamkeit sind:

Aufmerksamkeit, Augenmerk, Interesse, Sorgfalt, Teilnahme, Umsicht, Vorsicht, Wachsamkeit (vgl. Duden 2010)

Achtsamkeit und Widerstandskraft (privat und beruflich)

Hier haben wir Ihnen zur täglichen Anwendung zehn Achtsamkeits-Impulse aufgeführt:

1. Impuls: Hören Sie ab sofort intensiv auf Ihre innere Stimme.
   Schenken Sie ihr Gehör – Vertrauen und folgen Sie ihr!
2. Impuls: Achten Sie auf Körpersymptome und nehmen Sie diese ernst. Nehmen Sie schnellstmöglich die notwendigen Veränderungen vor, wenn Ihr Körper Ihnen „etwas mitteilt".
3. Impuls: Lassen Sie negative Energien einfach stehen und befassen Sie sich mit positiver Energie.
   Geben Sie den Menschen, die negative Energie ausstrahlen Mitgefühl, aber kein Mitleid. Mitleid schwächt Sie, und niemand hat etwas davon, wenn Sie leiden – auch die vom Leid betroffene Person nicht.
4. Impuls: Gönnen Sie sich täglich ein „Stück" Freude und erfreuen Sie sich auch an kleinen Erfolgen.
   Seien Sie wachsam, und erfreuen Sie sich täglich an kleinen Dingen; auch diese bringen Freude oder stellen Erfolge dar.
   Seien Sie stolz auf sich und das Erreichte in Ihrem Leben.
5. Impuls: Sie tragen Eigenverantwortung für sich selbst.
   Reagieren Sie rechtzeitig und kommunizieren Sie, wenn Sie sich überlastet oder überfordert fühlen. Nutzen Sie dabei besonders Ihre Intuition.
6. Impuls: Lassen Sie sich helfen.
   Sie dürfen um Hilfe bitten, wenn Sie spüren, dass etwas zu viel wird oder für Sie allein nicht machbar ist. Melden Sie sich rechtzeitig, das zeugt von Stärke und persönlicher Größe.
7. Impuls: Seien Sie achtsam mit Ihren Worten und Gedanken.
   Negative Worte und negative Gedanken ziehen Negatives an. Gehen Sie respektvoll um mit Worten – so wie Sie auch möchten, dass mit Ihnen respektvoll umgegangen wird. Antworten Sie daher auf negative Aussagen, Fragen oder Vorwürfe mit positiven Worten bzw. neutral formulierten Aussagen. Denken Sie dabei an Spiegelungen und Projektionen (Abschn. 5.4)
8. Impuls: Befassen Sie sich mit dem, was Sie haben, und nicht mit dem, was Sie nicht haben.
   Sonst produzieren Sie ein Mangelbewusstsein (= negative Energie). Erfreuen Sie sich an dem, was Sie schon erreicht haben und was Sie noch erreichen möchten.
9. Impuls: Kommunizieren Sie aus der Ruhe heraus.
   Sie können Dinge einfach erst einmal stehen lassen. Treten Sie gedanklich einen Schritt zurück, oder schlafen Sie einfach mal darüber und antworten Sie danach überlegt.

10. Impuls: Sie müssen nicht alles wissen oder können.

Lernen Sie, Hilfe zu geben, wenn Sie gefragt werden und helfen können. Lernen Sie auch Hilfe anzunehmen, wenn Sie etwas nicht wissen oder nicht können. Hilfe annehmen ist eine Stärke.

Je mehr ich weiß, umso mehr weiß ich, dass ich nichts weiß (anonym, z. T. von Sokrates).

Mein Lebensraum im Dreiklang

Jeder Mensch braucht seinen eigenen „Lebensraum". Jede Führungskraft tangiert in der täglichen Arbeit die Lebensräume seiner Mitarbeitenden, genauso wie seinen eigenen. In diesem Raum kann sich Leben und körperliche, gedankliche Gefühlsentfaltung ermöglichen und Wirklichkeit werden.

Diesen Lebensraum dürfen Sie selbst für sich gestalten oder durch Nutzung der Kompetenzen Ihrer Mitarbeitenden deren Lebensräume mitgestalten.

Die optimale Entfaltung des Lebensraumes im beruflichen Bereich basiert auf einer optimalen Nutzung aller Kompetenzen der Mitarbeitenden, sowie den drei Säulen Wissen, Fähigkeiten und Talente. Ein sogenannter Dreiklang.

a. Mein Wissen (das habe ich gelernt und möchte ich gerne lernen)
b. Meine Fähigkeiten (das kann ich, habe ich entdeckt, mir angeeignet und möchte ich gerne weiterentwickeln)
c. Meine Talente (das fördert meine Gaben, meine inneren Stärken und mein Wohlgefühl)

Wenn Wissen, Fähigkeiten und Talente der Mitarbeitenden genutzt werden, ergibt sich ein optimaler Dreiklang.

Wird dieser Raum negativ von außen beeinflusst, z. B. durch Beruf, Familie, Partner oder Dritte, fühlen wir uns in unserem Lebensraum eingeschränkt. Dies kann in der Folge Angst oder Wut auslösen.

Selbst-Kontrolle loslassen – Vertrauen aufbauen

Unsere Bergtour

Im Aufstieg ging Georg bewusst mit uns über steile Hänge und wir kletterten kleine Felsen hinauf anstatt auf dem normalen Weg zu gehen. Georg stand jeweils unten am Felsen und schaute uns zu. Es machte richtig Spaß, sich ganz auf seinen eigenen Stand zu verlassen. Ganz auf die Griffe und die gute Reibung der Schuhe zu vertrauen. Dies war eine gute Übung, weil wir oben bei der eigentlichen Bergbesteigung ja Schlüsselstellen im Fels auch durchklettern sollten.

Die meisten Menschen agieren sehr verstandes-/kopfgesteuert. Alles muss genau geplant werden, und der Blick richtet sich immer nur in die Zukunft. Alles und jede Situation wird kontrolliert. Das ist kräftezehrend und irgendwann reagiert der Körper mit Erschöpfung oder anderen Körpersymptomen.

Das Gegenteil von Kontrolle ist, der inneren Stimme (Bauchgefühl) zu folgen und Ihren Mitarbeitenden Vertrauen zu schenken.

Damit Sie für sich schnell feststellen können, wie stark Sie selbst im „Kontroll-Modus" sind oder danach handeln, hier einige Impuls-Fragen:

- Wie fühlt sich ein Mensch, der ständig kontrolliert wird?
- Was passiert mit einem Menschen, der nur unter Kontrolle arbeitet?
- Was empfinden Sie bei dem Wort „Kontrolle" oder wenn Sie kontrolliert werden?
- Was empfinden Sie positiver für Ihre Gesundheit: Vertrauen oder Kontrolle?

Je mehr Sie Vertrauen schenken – sich selbst und anderen gegenüber – umso mehr werden Sie Vertrauen erhalten. Je mehr Sie kontrollieren – sich selbst und andere –, umso mehr werden Sie kontrollieren müssen, weil es letztlich fast schon erwartet wird. Auch hier gilt das Gesetz der Resonanz. Oder erinnern Sie sich an den Bumerang-Effekt (was Sie aussenden, kommt zu Ihnen zurück).

Die Kontrolle bestimmt Ihre Gedanken und Ihr Handeln. Je mehr beides von Kontrolle geprägt ist, umso mehr ziehen Sie das in Ihr Leben, was Sie versuchen, mithilfe der Kontrolle in den Griff zu bekommen.

Gelingt es Ihnen, Ihrer inneren Stimme und Intuition zu folgen, werden Sie das Vertrauen zu sich selbst gewinnen.

Sie können in kleinen Schritten vorangehen und werden so in kleinen Schritten das Vertrauen zu sich selbst aufbauen. Die Kontrolle wird sich dadurch immer mehr verlieren. Dies wird unmittelbar im täglichen Arbeitsleben spürbar sein.

„Schenken Sie Menschen das Selbstvertrauen, sie selbst zu sein", dies ist auch ein Credo-Element der ruhigen Philosophie von Carlo Ancelotti (2016, S. 235). Aber: „Vertrauen ist gut – Kontrolle ist besser."

Dies ist eine Überzeugung, welcher noch viele Führungskräfte nachgehen. Umso spannender ist es auch hier einen Paradigmenwechsel festzustellen. Der Satz könnte auch heißen: „Vertrauen ist gut – ist Kontrolle wirklich besser?" Dem ging Sabine Groblschegg (2016) nach und zog daraus ein interessantes Fazit:

„Für das positive Zusammenspiel von Vertrauen und Kontrolle gibt es einige Bedingungen, wobei ein beziehungsförderlicher Kommunikationsstil als besonders wichtig angesehen werden kann. Auch tatsächliche Autonomie und Partizipation sind wichtige Faktoren, da nur so die Akteure zeigen können, dass sie vertrauen und man ihnen vertrauen kann. Um das Vertrauensverhältnis weiter zu entwickeln ist ein informatives, spezifisches und ehrlich gemeintes positives Feedback wichtig. . . . " Wenn also Vertrauen da ist und die Mitarbeitenden in Lösungen eingebunden sind, in denen sie ihre Kompetenzen einbringen können, ist dies auch schon ein wesentlicher Vorschub für den nachfolgenden Abschnitt Sinnhaftigkeit.

Sinnhaftigkeit meines Tuns

Unsere Bergtour

Ein Kollege fragte Georg: „Was hättest Du beruflich am liebsten gemacht, Georg?"
Georg lachte und sagte: „Bergführer. Weißt Du warum? Hier kann ich Freude im Sport,
der Natur und den Menschen in einem ausleben. Außerdem liebe ich die Freiheit und
die täglichen neuen Herausforderungen am Berg. Das bedeutet mir mehr als Geld."

Die Sinnhaftigkeit des eigenen Tuns betrifft eine Führungskraft in doppelter Hinsicht.
Für sich selbst oder für seine Mitarbeitenden. Ist das, was ich oder meine Mitarbeitenden
tun, sinnhaft für mich/sie selbst?

In dem Wort Sinnhaftigkeit steckt das Wort „Sinn". Der Duden (2010) verweist auf
die Bedeutung von „sinnen" als „streben, begehren" hin, was ursprünglich aber „gehen,
reisen" bedeutete. Sinn hat etwas, wenn ich mit meinem Handeln und Tun auf meinem
Weg gehe. Dies kann bezogen sein auf mich als Person, in privater oder auch beruflicher
Hinsicht. Tue ich das, was in Einklang mit meinen Fähigkeiten und Talenten steht, in
Freude und Begeisterung, dann bin ich auf meinem Weg.

Tue ich etwas nur um des lieben Friedens willen oder weil ich glaube, dafür Liebe
und Anerkennung zu erhalten, oder tue ich beruflich etwas nur des Status oder des hohen
Gehaltes wegen, wird dieser Weg sicherlich irgendwann in einer Sackgasse enden.

Ruediger Dahlke (2014) hat diese Sackgasse trefflich in seinem Buch „Seeleninfarkt"
aufgezeigt. Auch eine interessante Betrachtung aus einem medizinischen, psychologi-
schen und spirituellen Blickwinkel.

In einem Seminar beantwortete ein Unternehmer unsere Frage nach seinem „Erfolgs-
rezept" einmal so: „Wir tun die Dinge mit Herzblut und haben deshalb auch Erfolg."

Es liegt also in der Sinnhaftigkeit ein wichtiger Aspekt der Achtsamkeit. Tue ich oder
meine Mitarbeitenden etwas Sinnhaftes, was in Verbindung mit einer Aufgabe steht, zu
der ich oder sie sich berufen fühlen, dann wirkt sich das positiv auf das Team, die Gemeinschaft und die Zielerreichung aus.

Achtsam = aufmerksam sein

Unsere Bergtour

Schon mehrere Male liefen wir an kleinen Tieren vorbei, die wir nicht gesehen hatten.
Georg war sehr aufmerksam und sagte jeweils: „Habt ihr den Alpensalamander da und
die kleine Kröte im Felsenloch dort nicht gesehen?". Ja, jetzt wo er es sagte, sahen wir
die Tiere auch und erfreuten uns ebenfalls an ihnen.

Wenn Sie aufmerksam im täglichen Leben unterwegs sind, dann sind Sie:
Offen – merken alles früher und sind ganz gewöhnlich wachsam und achtsam
(Abb. 6.4).

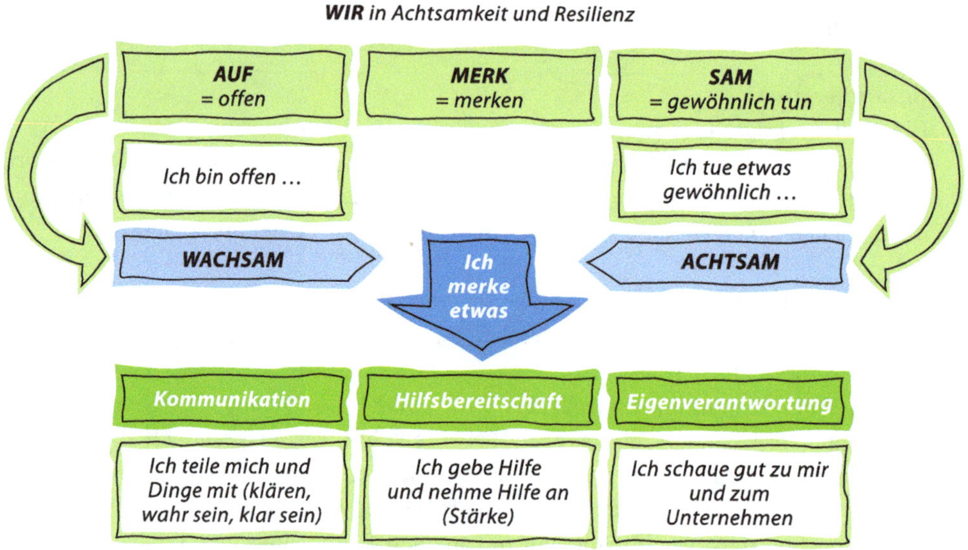

WIR *in Achtsamkeit und Resilienz*

Abb. 6.4 Aufmerksamkeit. (Quelle: C for C GmbH, Wetzikon, Schweiz)

Wenn Sie etwas bemerken, dann wenden Sie die drei wichtigen Elemente aus dem Betrieblichen Gesundheitsmanagement an:

- **Eigenverantwortung:**
  Ich schaue gut zu mir und zum Unternehmen. Ich nehme Dinge ernst.
- **Kommunikation:**
  Ich teile wichtige Dinge rechtzeitig mit. Kommuniziere klar, offen und ehrlich.
- **Hilfsbereitschaft:**
  Ich gebe Hilfe und nehme Hilfe an. Hilfe annehmen ist eine Stärke.

Über allem steht der stetige Blick auf die Lösungsorientierung in der Gemeinschaft.

Mitarbeiter und Führungskräfte in Unternehmen sind und bleiben mit ihren eigenen, persönlichen Themen verbunden. Somit schlagen sich auch die nicht neutralisierten psychischen Themen in Form von Konflikten in der Arbeitswelt, verminderter Arbeitsleistung (Präsentismus) oder Unlust am Arbeitsplatz nieder. Es lohnt sich für jede und jeden Einzelnen und damit auch für jeden Mitarbeiter, seine Warnmeldungen ernst zu nehmen und ihnen zu folgen. Jeder hat hierbei Eigenverantwortung zu übernehmen, ob als Mitarbeiter oder die Führungskraft als Vorbild.

Literatur

Ancelotti, C. (2016). *Quiet Leadership, wie man Menschen und Spiele gewinnt.*

Dahlke, R. (2014). *Seeleninfarkt.* München: Goldmann. ISBN 978-3442220441.

Duden (2010). Nr. 8, Synonymwörterbuch, 5. Auflage. Mannheim: Bibliographisches Institut.

Groblschegg, S. (2016). Fachartikel, Vertrauen ist gut – ist Kontrolle wirklich besser? Eine (ver)altete Weisheit im Lichte des Neuen Arbeitens. https://www.hrweb.at/2016/09/vertrauen-ist-gut-ist-kontrolle-wirklich-besser-eine-veraltete-weisheit-im-lichte-des-neuen-arbeitens/. Zugegriffen: Oktober 2017.

Der Herz-Kompass – aktivieren und ausrichten

7

7.1 Der Herz-Kompass: Wie „funktioniert" er?

Unsere Bergtour

Georg hatte immer eine kompakte Ausrüstung dabei. Der Kompass gehörte bei ihm zur Standardausrüstung. Ich fragte ihn: „Na Georg, brauchst Du einen Kompass, um den Weg zu finden?", und lachte. Georg lachte auch und sagte: „Ja mein Kompass und meine innere Stimme sind meine Wegbegleiter, die helfen für uns jederzeit den besten Weg zu finden."

Stellen wir uns vor, das menschliche Herz ist vergleichbar mit einem Kompass. Was ist die Hauptaufgabe eines Kompasses? Er gibt uns Orientierung, er zeigt uns die Richtung an. Wir können ihn nutzen, um eine gewählte Richtung einzuschlagen und zu halten. Letztlich erreichen wir mit seiner Hilfe unser Ziel. Wird der Kompass durch magnetische Störfelder, z. B. von Vulkanen, Energiespalten aus der Erde etc. abgelenkt, weist er uns eine falsche Richtung und wir gelangen nicht oder nur auf größeren Umwegen an das gewünschte Ziel.

Genau nach diesem Prinzip funktioniert auch der Herz-Kompass. Er wird beeinflusst und möglicherweise abgelenkt durch die im Menschen gespeicherten „Informationen" (siehe Kap. 3) in den Zellerinnerungen und im Energiefeld um den Menschen herum. Diese Informationen, die ja von uns selbst oder von viel früher herstammen (Abschn. 4.3 und 5.1) wirken innerhalb des Herz-Resonanz-Felds ablenkend (siehe Abb. 7.1).

Das gleiche Prinzip gilt auch für ein Unternehmen und ist daher auch relevant für Führungskräfte.

Ein Unternehmen ist die Gemeinschaft aller Mitarbeitenden. Sie bildet neben den Produkten und der Vision das Herz eines Unternehmens. Sind die inneren Navigationssysteme (der Herz-Kompass) der Mitarbeitenden auf deren persönliche Vitalität und Erfolg ausgerichtet, gewinnt das Unternehmen ganz selbstverständlich an positiver Anziehungskraft. Dies wirkt sich positiv auf Produkte, Dienstleistungen, Prozesse und den Vertrieb aus.

© Springer Fachmedien Wiesbaden GmbH 2018
P. Buchenau und C. Walter, *Chefsache Menschlichkeit*,
https://doi.org/10.1007/978-3-658-14662-7_7

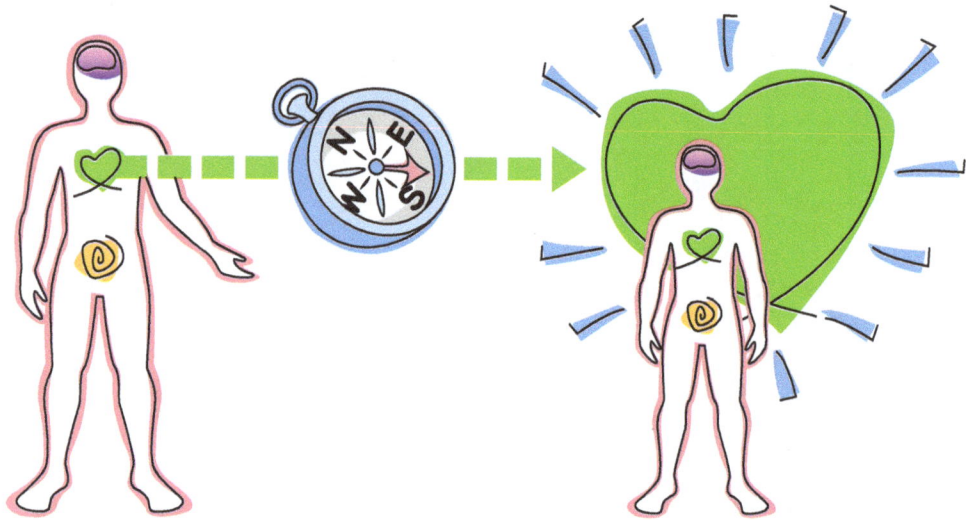

Abb. 7.1 Der Herz-Kompass des Menschen. (Quelle: C for C GmbH, Wetzikon, Schweiz)

Erfolg ist das, was folgt. Der Herz-Kompass ist demnach auch auf Unternehmensebene zielführend einzusetzen.

Aktivieren Sie die Erfolgsnavigation für sich selbst und für Ihr Unternehmen.

Daher ist es sehr wichtig, wie ihr persönlicher Kompass ausgerichtet ist (Sinnhaftigkeit) und wie Sie den Unternehmens-Kompass positiv mitbeeinflussen. Da tragen auch Sie eine entscheidende Rolle dazu bei (siehe Abb. 7.2).

Abb. 7.2 Der Herz-Kompass aus Unternehmenssicht. (Quelle: C for C GmbH, Wetzikon, Schweiz)

7.2 Den Herz-Kompass nutzen: Wo will ich hin?

Unsere Bergtour

Am Vortag beobachteten wir Georg, wie er die Karte einnordete und den jeweiligen Tageszielpunkt mit dem Kompass anpeilte. Ich fragte ihn: „Georg, warum nutzt Du immer den Kompass, der Weg ist doch klar, oder?" Er sagte: „Du hast schon recht. Lass mal Nebel aufkommen oder wir müssen wegen Schneefeldern einen Umweg gehen, dann sollte ich die grobe Richtung immer wieder wissen." Er war vorausschauend, das beruhigte mich.

Frei nach dem Leitsatz **„Der Kopf denkt, das Herz lenkt"** kann jeder Mensch sein inneres Navigationssystem, wir nennen es ja den Herz-Kompass, für seine Lebensnavigation erfolgreich einsetzen. Wer ihn zu nutzen weiß, ihm vertraut und folgt, findet seinen ganz persönlichen (Lebens)Weg – beruflich und privat.

Damit das Herz klar lenken kann, um mit der größten elektrischen und elektromagnetischen Kraft alles anzuziehen was wir uns für unseren Lebensweg brauchen, benötigt es eine einmalige nachhaltige „Renovation", sprich Persönlichkeitsentwicklung und Neutralisierung des Herz-Resonanz-Feldes. Dieses Wie haben wir ja im Kap. 5 beschrieben.

Denken Sie daran: Tun Sie nichts, bleiben all die blockierenden/negativen „Informationen" erhalten und je älter Sie werden, umso mehr beginnt entweder bei Ihnen eine Abwärtsspirale an sich wiederholenden Mustern oder Erlebnissen mit Menschen zu laufen oder Sie setzen diese als Führungskraft bei Mitarbeitenden in Gang (siehe Abb. 7.3).

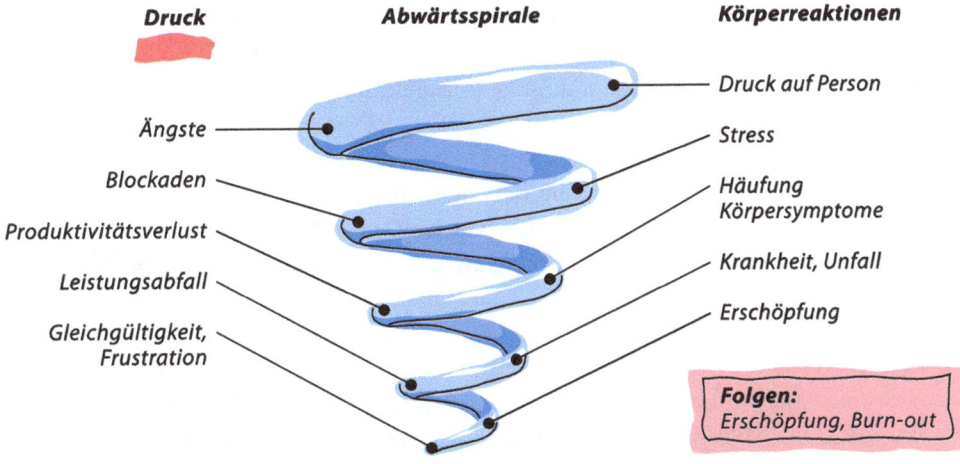

Abb. 7.3 Die Druckspirale. (Quelle: C for C GmbH, Wetzikon, Schweiz)

Oft muss der Kopf erst aus dem Weg gehen, damit das Herz klarsehen kann (Unbekannter Autor).

In der eigenen Persönlichkeitsentwicklung einmal mit sich selbst ins Reine gekommen, innerlich aufgeräumt und den Rucksack der Vergangenheit geleert zu haben, ermöglicht erst Ihre optimale Ausrichtung Ihrer Lebensnavigation.

Dabei können Sie gleich zwei Fliegen mit einer Klappe schlagen, für sich als Person und für sich als Vorbild und Führungskraft. Dieses Wissen und diese Erfahrungen können Sie unmittelbar in Ihre tägliche Führungsarbeit einfließen lassen.

Seien Sie mutig, gehen Sie voran.

Sind Sie ihr eigener Bergführer.

Sind Sie ein Vorbild.

Sie können nur gewinnen.

7.3 Der Herz-Kompass = Spiegel für die Menschlichkeit

Wenn Sie Ihren Herz-Kompass als Führungskraft und mit den Teams auch für das Unternehmen ausgerichtet haben, sollte dem Erfolg ja nichts mehr im Wege stehen.

Wenn im Zuge des 6. Kondratieff-Zyklus die Elemente der Ökologie, Nachhaltigkeit und die psychosozialen Gesundheitsaspekte sich auch in der Unternehmensvision oder im Kurs des Unternehmens-Herz-Kompass verankert wiederfinden, ist die Chance für einen langfristigen Unternehmenserfolg gegeben.

Der Herz-Kompass wird dadurch auch zu einem Spiegel für die Menschlichkeit, wenn die Menschlichkeit, täglich zu leben, im Unternehmen oder bei den Führungskräften fest verankert ist.

Hierzu möchte ich gerne zwei praktische Beispiele anführen:

A. Die Schipper Company, ein Kreativbüro in Hamburg und Frankfurt am Main hatte vor einigen Jahren drei Plakate für Familienunternehmen kreiert. Die Plakate standen im Zusammenhang mit der Initiative: Herzblut für Deutschland. Darin sollten die nachhaltigen Werte, für welche die Familienunternehmen stehen, wie Menschlichkeit oder soziale Verantwortung, für ihre Mitarbeitenden und wie sie damit in Einklang unternehmerisch voranschreiten, dargestellt werden. Es war ein Beispiel dafür, wie auch in Zukunft verstärkt wieder Werte, die im Zusammenhang mit der Menschlichkeit stehen oder die Dinge mit Herzblut tun, gelebt werden sollten (siehe Abb. 7.4).

B. Feedback aus Mitarbeiterbefragungen: Aus Mitarbeiterbefragungen erfahren Unternehmen und Führungskräfte oft den „Puls" und Zustand der Ausrichtung des Unternehmens-Herz-Kompasses ihres Unternehmens.

Es ist jedoch Vorsicht geboten bei der Betrachtung der Ergebnisse der Mitarbeiterbefragungen. Werden diese online durchgeführt, haben die Mitarbeitenden das Gefühl es ist nachvollziehbar, woher die Antworten stammen. Als Beispiel gab es seitens einer

BLUT IST DICKER ALS DAX

Familienunternehmen ticken anders: Verantwortung, Verbindlichkeit, Leidenschaft, Engagement und Persönlichkeit sind Werte, die sie seit Generationen in Deutschland einbringen. Weil Wirtschaft mehr als Zahlen braucht.

Abb. 7.4 Blut ist dicker als DAX. (Quelle: Schipper Company, „Herzblut für Deutschland", Hamburg)

Onlinemitarbeiterbefragung einer unserer Kunden ein anderes Ergebnis als wir durch direkte Befragungen erhalten hatten. Die Ergebnisse aus einer direkten Befragung aus einem Workshop ohne Teilnahme der Führungskräfte ergeben ein klares Bild des Zustands des Unternehmens.

Auch kann eine Unternehmensanalyse, welche gesamthaft Absenzen (Krankheit, Unfall), Produktivitätsverlust (Präsentismus), Erschöpfung /Burnout (Potential) und indirekte Personalkosten (Mehrarbeit durch Personalausfall, Neurekrutierung, Fluktuationsrate) ausweist, den „Spiegel der Menschlichkeit" und den „Gesundheitszustand" des Unternehmens aufzeigen.

Die Ergebnisse unserer Analysen in den Unternehmen zeichnen überall in der Tiefe ein klares Bild und bestätigen die notwendigen Wandelprozesse, die im 6. Kondratieff aufgezeigt werden.

Die Fitmacher – „Quick Wins"

Eine der Haupterkenntnisse für jede Führungskraft ist: So wie ich bin als Mensch, so wirke ich auf andere Menschen. Das, was ich ausstrahle, ziehe ich an oder das, was meine Mitarbeiter ausstrahlen, ziehen diese an. Zusammengefasst zur Wiederholung, so wie im Innen so im Außen (Abb. 8.1).Hinter der materiellen Welt steht dann eine versteckte, spirituelle Wirklichkeit; wenn wir beide in Harmonie bringen, erhält unser Leben einen Sinn. Physik und Transzendenz bilden somit keinen Widerspruch, sondern eine untrennbare Einheit (Schäfer 2004).

Die Ausgangslage bei vielen Führungskräften ist demnach die Führungskraft selbst als Mensch (familiäre soziokulturelle Herkunft) und die äußeren Umstände (Unternehmenseinflüsse), die auf sie einwirken (siehe Abb. 1.2 in Abschn. 1.2).

Für die Quick-Wins möchten wir an dieser Stelle gerne zwei anregende Zitate von Reinhard Sprenger anführen:

„Bring die Leute in die Verantwortung, das können die schon. Das ist die Wiedereinführung des Menschen ins Management." Und „Ohne Vertrauen der Anvertrauten gibt es keine Führung. Wer hingegen die Herzen der Menschen nicht erreicht, hat in diesem Job keine Existenzberechtigung. Der ist nur Vorgesetzter" (Reinhard und Vaszek 2016).

Abb. 8.1 Kommunikation, Hilfsbereitschaft, Eigenverantwortung. (Quelle: C for C GmbH, Wetzikon, Schweiz)

Für die nachfolgenden „Quick Wins" lassen wir nun die Erkenntnisse der vorherigen Kapitel und die Erfahrungen aus unserer täglichen Coaching-Arbeit einfließen. Aus der Praxis für die Praxis.

Einstiegstipp: Nutzen Sie zusätzlich doch einfach die drei Elemente (Eigenverantwortung, Hilfsbereitschaft und Kommunikation), welche in der Prävention im Betrieblichen Gesundheitsmanagement auch eingesetzt werden, für sich und auch im Umgang unter ihren Mitarbeitern. Ihr Fokus und auch die Ausrichtung Ihrer Mitarbeitenden sollten immer auf Lösungen gerichtet sein. Dies fördert automatisch den heute immer mehr geforderten **„coachenden" Führungsstil** der Führungskraft, damit diese von ihren Mitarbeitenden als empathisch wahrgenommen wird.

8.1 Konfliktlösung: Führung-Mitarbeiter

Unsere Bergtour

Zum Glück war Georg ein bedächtiger und ruhiger Bergführer. Als zwei Kollegen sich stritten, weil der eine dem anderen immer den Stock zu nah einsteckte und einer deshalb stolperte, kam Georg und sagte: „Du läufst mal hinter mir, dass Du Dich an meinen Rhythmus anpassen darfst. Der entspricht der ganzen Gruppe." Die Gruppe lief danach ruhiger weiter.

Ausgangslage: Eine der wichtigsten Aufgaben einer Führungskraft ist es, täglich die Marktgeschehnisse, Arbeitsabläufe, Prozesse und den sozialen Frieden in ihrem Bereich zu beobachten und zu gewährleisten. Entwickelt sich die Führungskraft vom Manager (der Manager managet etwas) hin zum Unternehmer (der Unternehmer unternimmt etwas) wird er automatisch zum „Gestalter der jeweiligen Unternehmenskultur" (Reinhard und Vaszek 2016, S. 8).

Praxisbeispiel: In einem internationalen Technologiegroßbetrieb führte eine Führungskraft seine Mitarbeitenden mit Macht, Autorität und Druck. Viele Mitarbeitende verließen frustriert diese Abteilung. Ein Mitarbeiter leistet immer noch mehr, um eine Anerkennung zu erhalten. Seine Ergebnisse waren nie gut genug. Er erhielt weder Lob, noch Anerkennung, die positiven Ergebnisse nutzte die Führungskraft, um sich nach oben besser zu verkaufen. Die Folge bei dem Mitarbeitenden war eine Erschöpfung mit einer langen Auszeit. Sicherlich ist dies ein Extrembeispiel, jedoch möchten wir an dieser Stelle eher auf den Aspekt der Erschöpfung und die lange Absenz abzielen, die vermieden werden kann.

Lösung: Wenn Sie eine häufige Anzahl von Kurz-Absenzen, zynisches, ablehnendes Verhalten oder wiederkehrende Streitsituationen bei Mitarbeitenden feststellen, dann führen Sie rechtzeitig ein Gespräch in der Kaffee-Ecke, bei einem Spaziergang außerhalb des Gebäudes oder gehen Sie extern gemeinsam zum Mittagessen.

Nutzen Sie die Ursachenfindung mittels des folgenden Tools:

Fünf Mal WARUM-Fragen stellen

Gehen Sie damit an die Klärung der Konfliktthemen und den Grund hinter dem Thema, die wahre Ursachenfindung. Finden Sie heraus, ob das Thema ein Führungsthema, Unternehmensphilosophie, Prozess oder ein persönliches Thema ist.

Hier ein Beispiel:

Eine Mitarbeiterin meint, sie schafft die Aufgabe nicht, die ihr von ihrem Vorgesetzten in Auftrag gegeben wurde.

1. Warum: Warum meinst Du, schaffst Du es nicht, die Aufgabe zu erledigen?
   - Weil ich meine, damit überfordert zu sein.
2. Warum: Warum meinst Du, damit überfordert zu sein?
   - Weil ich meinte, ich müsste das alles alleine erledigen.
3. Warum: Warum meinst Du, Du musst alles alleine machen?
   - Weil ich früher immer meinen Eltern beweisen musste, dass ich es kann.
4. Warum: Warum meinst Du beweisen zu müssen, es alleine zu schaffen?
   - Weil ich sonst keine Anerkennung von meinen Eltern erhalten hätte.

Das 5. Warum brauchte es nicht mehr. Weil Sie als Führungskraft nun der Person aufzeigen können, dass gerade das die Anerkennung seiner Arbeitsleistung ist, dass diejenige Person diese Aufgabe erledigen darf und Sie als Chef voll hinter ihr als Fachkraft stehen. Jederzeit könne diese Person Hilfe bei Ihnen oder bei anderen Fachkollegen einholen.

Fragen Sie, wenn die Ursache klar ist: Kommt dieses Thema oder dieses Gefühl auch in Ihrer Familie vor?

Wem ist dies auch passiert, bzw. mit wem hat es das auch gemacht?

Dies soll den Mitarbeitenden in der Selbsterkenntnis und Selbstreflektion aktivieren, damit er selbst die Lösung und die Ursache gefunden hat. Das schafft ein großes Selbstvertrauen und eine Anerkennung, dass Sie als Führungskraft ihn darauf gebracht hatten.

Bitte nicht die Mitarbeitenden einfach in Ihr Büro einbestellen und Ihnen am Schreibtisch gegenübersitzen. Dies zeigt nur eine Machtposition, auf die Ihr Gegenüber nur mit verhaltener Offenheit und Lösungsbereitschaft reagieren kann oder wird.

> ▶ **Tipp** Führen Sie ca. halb- oder vierteljährlich ein sogenanntes **Anerkennungsgespräch** mit Ihren Mitarbeitenden durch. Hier sind ca. 15 bis max. 30 min ausreichend. Holen Sie dadurch früher die kritischen Punkte ab. Ihre Mitarbeitenden fühlen sich verstanden, ernst genommen und Sie können dadurch Vertrauen aufbauen.

Nutzen Sie die Erkenntnis aus **Spiegelungen und Projektionen** (siehe Abb. 5.4 sowie Abb. 5.5). Erkennen Sie für sich als Führungsperson und Vorbild, ob da bei Ihnen als Führungsperson selbst noch ein ungelöstes Thema/Gefühl vorliegt (Spiegelungen). Oder handelt es sich tatsächlich um ein reines Mitarbeiter-Thema (Projektionen), was diese Person auf Sie projiziert.

8.2   Konfliktlösung: Mitarbeiter-Mitarbeiter aus Sicht Führungskraft

Ausgangslage: Der Arbeitsfluss und der soziale Frieden im Unternehmen sollte jederzeit gewährleistet sein, um die komplexen Aufgaben gemeinsam lösen zu können. Das rechtzeitige Erkennen von Schwelbränden im Unternehmen wäre also besser als einen großen Brand löschen zu müssen.

Praxisbeispiel: Zwei Mitarbeiter streiten sich immer wieder und bekämpfen sich. Sie schwärzen einander bei den nächsthöheren Vorgesetzten an und geben sich keine wichtigen Informationen weiter. Sie lassen den anderen Kollegen immer knapp auflaufen, was wichtige Unternehmensabläufe negativ beeinflusst. Erst nachdem sich Kunden und Dritte negativ geäußert hatten, greift die oberste Führungskraft mit einer externen Konfliktlösung ein.

Lösung: Finden Sie das Thema oder das Gefühl heraus, um das es in diesem Konflikt konkret geht. Hier ein paar Lösungsfragen:

- Was war konkret der Auslöser für den Konflikt?
- Warum hat er/sie so gehandelt?
- Was ist das Thema? Was ist der Grund hinter dem Thema?
- Was für ein Gefühl bzw. verletztes Gefühl liegt bei diesem Konflikt vor?
- Was stört mich an der anderen Person (Gefühl, Thema)?
- Was hat dieser Konflikt mit mir selbst bzw. mit Erlebnissen aus meiner Ursprungsfamilie zu tun?
- Welches verletzte Gefühl liegt vor, was hier wieder nachgelebt wurde, im Grunde genommen jedoch mit der Firma, dem Team oder der Abteilung überhaupt nichts zu tun hat?
- Was lernen wir aus diesem Konflikt und was können wir verbessern?

Sie können wie bereits schon unter Abschn. 8.1 beschrieben, die fünf „WARUM-Fragen" jedem/r Mitarbeiter/in separat stellen. Warum dies oder das so ist, bis der Grund hinter dem Thema zu Tage kommt.

▶   **Tipp** Fragen Sie danach am Schluss den/die Mitarbeiter/in zur Lösungsfindung:

- Wie würden Sie das lösen, wenn Sie in einer anderen Firma arbeiten würden? Oder kennen Sie Beispiele, wie das an einem anderen Ort gelöst wurde?
- Wenn Ihnen jemand so eine Geschichte erzählt, wie das was Ihnen passiert ist, was würden sie demjenigen als Lösung vorschlagen, damit sich die beiden wieder in die Augen schauen können?

▶   **Tipp** Motivieren Sie Ihre Mitarbeiter sich auch mit der eigenen Person auseinander zu setzen. Jahrelang haben die Mitarbeiter in ihr Wissen und in ihre persönlichen Fähigkeiten investiert. Der eigenen Gefühlswelt bzw. seinem persönlichen Wesenskern wurde oftmals nur wenig Aufmerksamkeit geschenkt. **Per-**

sönlichkeitsentwicklung zu betreiben, bedeutet zukünftig solche Konflikte rascher zu erkennen und handlungsfähiger zu sein, um sie aufzulösen. Konflikte
im beruflichen Kontext haben ihre Ursache oft zur einen Hälfte in persönlichen,
soziokulturellen, familiären Themen und zur anderen Hälfte in beruflichen, pro-
zessualen und Führungskräfte-bezogenen Themen. Jeder Mitarbeitende sollte
daher ganz ehrlich zu sich selbst sein und sich fragen, bin ich mit dieser Aufgabe
oder mit meinen Interessen am richtigen Ort.

8.3   Ablehnung einer Führungskraft, eines Mitarbeiters im Team

Unsere Bergtour

Mit unserem Georg hatten wir es gut und wir durften ihm alles sagen. Georg erzählte uns wieder eine Episode eines Bergführerkollegen. Dieser war mit einem Gast am
Hörnligrat am Matterhorn unterwegs. Der Hörnligrat verlangt ein zügiges Klettern und
Gehen, damit man neben den vielen Seilschaften gut vorankommt. Der Gast wollte
laufend eine Pause machen, fotografieren und einfach nicht auf den Bergführer hören.
Nach einigen Ermahnungen durch den Bergführer brach dieser schließlich die Besteigung ab und sie kehrten frühzeitig wieder zurück.

Ausgangslage: Oft erleben wir in Teams, dass ein Mitarbeiter/in gemieden, zurückgewiesen oder auf Distanz gehalten wird. Diese Person empfindet es wie eine Art Ablehnung
seitens der anderen Teammitglieder. Komplexer wird es, wenn Mitarbeitende, welche die
Firma nach außen vertreten, von Kunden oder externen Partnern ablehnend behandelt werden.

Praxisbeispiele: Hier möchten wir gerne zwei Beispiele anführen. Ein Beispiel für fir-
menintern (Innen): Ein Produktmanager arbeitete eng verschiedenen Führungskräften zu.
Seine Ideen wurden nicht gehört, oder seine Ideen wurden in die Schublade gelegt. Nur
das, was von den Führungskräften für sie selbst als interessant angesehen wurde, erhielt
Zuspruch zur weiteren Bearbeitung. In Meetings wurden seine Ideen oftmals nur für das
eigene Vorankommen verwendet, jedoch nicht intern dargestellt, woher diese Ideen stammen.

Das zweite Beispiel für firmenextern (Außen): Ein Vertriebsmann, der mit seinen Kunden gute Erfolge erzielt, weil er sehr fleißig und kundenorientiert ist. Er opfert sich manchmal fast auf für seine Kunden, um durch sein Tun Anerkennung und Wertschätzung zu
erhalten. Intern erntet er jedoch nur Neid, Missgunst und erlebt Ablehnung, obwohl er ein
guter Mensch ist.

Lösung:

• Klären Sie als erstes, was der Mitarbeiter/in empfindet.
• Fühlt sich diese Person zurückgewiesen, zurückgestoßen, nicht ernst genommen, nicht
angenommen, nicht gehört oder zusammengefasst wie abgelehnt von den anderen Personen im Team?

- Können die anderen Teammitglieder nicht konkret sagen, was sie genau negativ empfinden?
- Haben die anderen Teammitglieder ein ungutes/komisches Gefühl in der Gegenwart dieser Person?

Stellen Sie selbst oder die anderen Teammitglieder fest, dass die Person im Grunde ja eine gute Arbeit leistet und auch ganz wichtig ist für den Gesamterfolg im Team.

Geben Sie der Person einen Impuls, ob solche Gefühle bereits schon in ihrer Ursprungsfamilie vorliegen bzw. vorlagen oder ob sie selbst schon solche Gefühle in der Kindheit erlebt hatte. Fördern Sie diese Person in ihrer Selbsterkenntnis, woher die Ursache kommen kann. Bitte berücksichtigen Sie, dass sich Gefühle viele Generationen zurück weitervererben können.

> **Tipp** Zeigen Sie der Person auf, dass sie einen wichtigen Beitrag im Team leistet. Reflektieren Sie mit der Person ihr Handeln und erstellen Sie ein Mind-map.

Dieses Bild soll nur zur Klärung beitragen und nicht als Anschuldigung dienen. Schreiben Sie den Namen der Person in die Mitte und zeichnen Sie die negativen Themen und Gefühle zum Kreis dazu. Wenn dieses Bild vollständig ist, können Sie an die Klärung der Ursachen gehen, indem Sie fragen:

- Warum meinen Sie werden Sie abgelehnt?
- Was hat dies mit Ihnen zu tun?
- Was hat das mit Ihnen selbst zu tun und was nicht?
- Wurde jemand in Ihrer Ursprungsfamilie auch abgelehnt?

8.4 TEAM: Das Wir – Ausrichtung der Wirkungen

Unsere Bergtour

Georg teilte unser Team in eine Dreier- und in eine Vierer-Seilschaft ein. Die Seilschaft musste sich jeweils an den Schwächsten und an die Gegebenheiten auf dem Gletscher und im felsigen Gelände anpassen. Jeder sprach dem anderen an Gefahrenstellen Mut zu und jeder lobte den anderen, wenn alle sicher vorangekommen waren. Georg hatte die Seilschaften gut zusammengestellt. Das Zusammenspiel klappte gut. Jeder fühlte sich sicher und wir kamen gut voran.

Ausgangslage: Die Aufgaben, welche in Unternehmen gelöst werden sollen, werden immer komplexer und anspruchsvoller. Es braucht unabhängig von jeglichem Standesdünkel und Besserwissern eine enge kooperative Zusammenarbeit und Bündelung aller Fähigkeiten, Stärken, Talente und Kräfte aller Mitarbeiter.

Analog gilt das Beispiel der deutschen Fußballnationalmannschaft mit dem Titelgewinn der WM 2014. Es gibt nicht elf Einzelspieler, sondern ein Team bestehend aus elf Spielern. Gewonnen hat am Schluss das ganze Team, weil die Kräfte und Talente optimal gebündelt waren und zusammengespielt hatten.

Praxisbeispiel: Ein Verkaufsteam bestand aus vielen kleinen Königen, wo jeder Verkäufer der Meinung war, sein kleines Königreich sei das wichtigste. Es kam öfters zu Konflikten, Neid, Missgunst oder Ungerechtigkeitsgefühlen darüber, wer denn wie viel und was im Team leistet. Ein Miteinander war nur partiell zwischen einzelnen Teammitgliedern zu spüren. In der Gesamtheit war das Verkaufsteam im Organigramm nach außen sichtbar, intern war es jedoch nicht als eine Einheit verschweißt. Zudem gab es viele Vorbehalte gegenüber dem Verkaufsleiter und seinem Führungsstil.

In einem Workshop wurden die Aufgaben aufgezeigt, welche in diesem Team gemeinschaftlich zu lösen sind. Danach wurde jeder Mitarbeiter betrachtet und seine Fähigkeiten und Kompetenzen herausgestellt. Aufgrund dieses Überblicks war nun ersichtlich, wer was alles in diesem Team leisten kann. Die Stellvertretungen wurden geregelt, Prozesse konnten angepasst und vereinfacht und auch die problematischen Themen konnten wertungsfrei mitgeteilt und geregelt werden. Jedes Teammitglied machte sich die Bedeutung von Hilfsbereitschaft, Eigenverantwortung, Kommunikation und das Wir-Miteinander bewusst und teilte mit, was ihm diesbezüglich wichtig erschien. Aufgrund dieser Rückmeldungen ergaben sich Leitsätze, hinter denen fortan das ganze Team stehen konnte.

Lösung: Im Team für jeden einzelnen Mitarbeiter ein persönliches **Angebotsportfolio** erstellen, d. h. was hat jeder Mitarbeiter für Stärken, Fähigkeiten und Talente. Im Abschn. 6.4, Abschnitt mein Lebensraum im Dreiklang ist dies bereits als Dreiklang erwähnt. Zusammengefasst ergeben sich daraus für jeden Mitarbeitenden **Kompetenzfelder**. Welche Kompetenzfelder werden benötigt in der Abteilung oder im jeweiligen Team? Jeder Mitarbeiter/in sollte seine Kompetenzen optimal einbringen, jeder sollte vom anderen wissen, was er optimal kann. Nach dem Motto: Hol mal die Liesel oder den Franz, die/der kann das am besten. Das Team sollte nicht Probleme wälzen, sondern sich bei jeder Aufgabe immer mit Blick hin zu einer Lösungsfindung orientieren. Jeder ist wichtig und jede Kraft wird benötigt, so werden Kräfte und Wirkungen gesamthaft genutzt. Es besteht dann ein optimaler Dreiklang, in dem alles Können eines Menschen optimal zum Einsatz kommt. Durch diese optimale Ressourcennutzung und Lösungsorientierung auf ein Ziel können die Wirkungen jedes Einzelnen optimal für das Unternehmen eingebracht werden.

Siehe Abb. 7.2 in Abschn. 7.1: Hier bündeln die Mitarbeitenden Ihre Wirkkräfte innerhalb des Unternehmens, um den Herz-Kompass des Unternehmens in eine Richtung fokussiert ausstrahlend und anziehend auszurichten.

► **Tipp** Fördern Sie die Selbst- oder Eigenverantwortung, Hilfsbereitschaft, Kommunikation eines jeden Mitarbeitenden (Abb. 6.4 in Abschn. 6.4). Geben Sie Raum, damit die Mitarbeitenden Sinn in ihrer Tätigkeit und ihren Platz finden, in dem was Sie tun. Gelebte gegenseitige **Anerkennung und Dankbarkeit** be-

wegt die Menschen viel mehr als nur ein kurzfristiger Motivationsschub. Nichts
ist selbstverständlich und daher sollte die Wertschätzung für das, was alles geschieht bzw. zum Unternehmen kommt, wieder an erster Stelle stehen. Dies
wirkt sich wieder positiv auf die Gesamtausstrahlung des Unternehmens und
seiner Mitarbeitenden aus.

8.5   Change-Prozesse – Gemeinsame Lösungsarbeit

Unsere Bergtour

Wir kamen über einen Gratrücken und Georg beobachtete häufiger seinen Barometer
in seiner Uhr. Mit einem scharfen Wind kamen schwarze Wolken auf uns zu. Georg
schaute nach einem Felsen, hinter dem wir in Schutz stehen konnten. Steigeisen und
Pickel legten wir weit von uns weg und alle zogen die Regenbekleidung an. Es blitzte
und hagelte und Georg gab Anweisung, wir sollten in die Hocke gehen und nur auf
unseren Füßen stehen. Uns allen war es flau im Magen, doch Georg strahlte Ruhe aus
und wir befolgten ohne Widerwillen seine klaren Anweisungen. Das Gewitter zog rasch
vorbei.

Ausgangslage: Alle Unternehmen stehen in einem laufenden Veränderungsprozess,
welcher durch Marktanforderungen wie technologische Weiterentwicklungen, Kunden-
wünsche oder politische und technische Regelwerke beeinflusst werden. Veränderungen
lösen bei den Mitarbeitenden oft ein Unbehagen aus und es benötigt einen größeren
Kraftaufwand, um die notwendigen Veränderungen anzustoßen und umzusetzen (siehe
Abb. 8.2).

Praxisbeispiel: Viele Technologieunternehmen stehen vor der Veränderung von bisher
verwendeten Daten- und Kommunikationsübertragungsarten auf die neuen internetba-
sierten Übertragsprotokolle zu wechseln. Dies sind einerseits Kundenanforderungen in
Bezug auf technologische Weiterentwicklungen und andererseits Marktanforderungen,
dass jedes Gerät über ein gleiches Grundprotokoll vernetzt werden kann. Diese Techno-
logieveränderungen haben oft große Auswirkungen auf die Unternehmen. Sie erfordern
oft eine weitere Nutzung von bestehendem Know-how und einen gleichzeitigen Aufbau
von neuen Fachgebieten, Produkten und Dienstleistungen. Bisherige Mitarbeitende werden für die Unternehmenssicherung mit den bestehenden Produkten und Dienstleistungen
benötigt, während andere parallel an dem Neuen arbeiten. Das Neue wird dann mit ersten
Schlüsselkunden eingeführt, um damit alle weiteren Kunden zu begeistern bzw. zu beleben nun auch diese neuen Technologien einzuführen. Sobald dies stabil läuft, können
auch die bisherigen Mitarbeitenden auf den neuesten Stand der Technologien gebracht
werden. Die Technologieunternehmen kennen diesen Prozess, der nun auch in anderen
Wirtschaftszweigen stärker zum Tragen kommt.

Lösung: Ermöglichen Sie eine gemeinsame Lösungsentwicklung, die von Selbstverantwortung und gegenseitigem Vertrauen getragen ist. Jede/r Mitarbeitende/r möchte sich

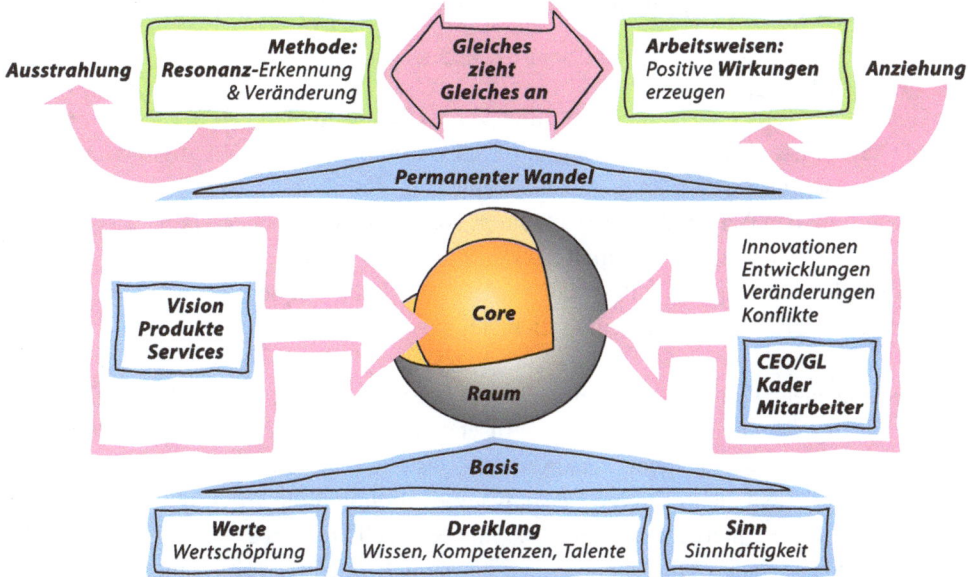

Abb. 8.2 Wirkungsweisen in Unternehmen. (Quelle: C for C GmbH, Wetzikon, Schweiz)

gerne in sein Unternehmen einbringen. Nutzen Sie die jeweiligen Kompetenzen, Talente und Stärken. Fragen Sie Ihre Mitarbeitenden nach Lösungsvorschlägen. Dies trägt unmittelbar zur Lösungsentwicklung bei. Im Unternehmensraum (siehe Abb. 5.1) liegt somit die Lösung: Geben Unternehmen Leistungsmöglichkeiten (Vertrauen) und nutzen die Leistungsfähigkeiten (Talente) der Mitarbeitenden was Sinn für sie macht, kommen alle in das Handlungsgefühl eines „Unternehmers" hinein. Das Unternehmen erzielt somit laufend Problemlösungen, indem sie die Entfaltung der Mitarbeitenden fördert.

▶ **Tipp** Stellen Sie sich die Frage: Was ist der Nutzen für unsere Kunden und lässt unsere Kunden einzigartig sein am Markt? Betrachten Sie die Themen aus der Brille der Kunden und hinterfragen Sie jeweils ob Ihr Angebot ihrem Kunden am meisten Nutzen erbringt. Diese klare und prägnante Positionierung am Markt erbringt somit einen **Mehrwert** und Differenzierung für unser Unternehmen und unsere Kunden. Mit dieser Vorgehensweise erbringen wir einen Mehrwert und werden positiv von außen wahrgenommen. Denken Sie an das Gesetz der Resonanz, wenn Sie nur den Fokus auf den Umsatz und die Finanzen legen, spüren das ihre Kunden. Wenn Sie positive Werte, Visionen und Mehrwerte für Ihre Kunden ausstrahlen, lösen Sie dazu eine Anziehungskraft aus. Die Kunden kommen dann aus diesem Grund und kaufen bei Ihnen. Dazu gehört auch noch in großem Maße der Faktor **Menschlichkeit,** der in diesem Unternehmen gelebt wird. Menschen kaufen ja bei Menschen. Der Umsatz, der entsteht, ist lediglich die Folge davon.

8.6   Entfaltung (Mitarbeiter) – Gestaltung (mit Teams)

Georg war wieder in Humorlaune und wir witzelten mit ihm. Einer sagte: „Georg, wie kannst Du denn ein guter Bergführer sein, wenn Du so eine Witzfigur darstellst?". Alle lachten und Georg entgegnete: „Weißt Du, hier oben im Berg kann ich alles in einem sein: der Witzbold, euer Bergführer, Naturkundler, Kräuterexperte, Psychologe, Technikspezialist und kann mich voll entfalten. Das bereitet mir am meisten Spaß, deshalb bin ich so gerne unterwegs wie z. B. mit Euch. Ihr seid ja auch alle spezielle Lichtgestalten." Alle lachten und pflichteten Georg bei.

Ausgangslage: Viele Mitarbeitenden gehen heute nur einem Beruf nach, weil er viel Geld einbringt oder über ein scheinbares Ansehen in der Gesellschaft verfügt. Die Sicherheit wird somit über die eigene Persönlichkeit gestellt. Geld übertüncht jedoch nicht die innere Unzufriedenheit, geringere Leistungsmotivation und die Ausstrahlung im Schein nach außen. Dem Unternehmen steht also nur „ein Teil" dessen zur Verfügung, was der Mitarbeitende an anderer Stelle eingesetzt, tatsächlich an Nutzen einbringen könnte. Setzen Unternehmen heute Druck auf Mitarbeitende aus, welche ihre eigene Persönlichkeit missachten oder deren Kompetenzen nicht erkannt oder genutzt werden, ist dies auch mit ein Grund für psychische Erkrankungen am Arbeitsplatz.

Praxisbeispiel: Eine IT-Projektleiterin hatte über Jahre hinweg eine anerkannte Arbeit in einem Großunternehmen geleistet. Durch Organisations- und Vorgesetztenveränderungen wurde sie immer mehr ins Abseits geschoben und konnte sich nicht mehr so einbringen, wie es früher zum Erfolg geführt hatte. Die Folge, sie rieb sich in diesen Strukturen auf und fiel in eine Erschöpfung. Im Zuge der Aufarbeitung der Gründe für Ihre Erschöpfung wurden neben den Ursachen aus der familiären Geschichte auch die beruflichen Themen bearbeitet. Sie fand heraus, dass sie noch über viel mehr Kompetenzen verfügte, welche sie heute noch gar nicht nutzte. Sie suchte einen neuen Arbeitgeber, bei dem sie genau ihre Kompetenzen und Fähigkeiten optimal einsetzen konnte. Der Zufall wollte es, dass ihre Kompetenzen an einem Ort sehr gefragt waren, wo Ihr Wunsch, näher am Mensch arbeiten zu können, ganz in Erfüllung ging. In einer neuen Funktion kann sie durch eine wertschätzende Vorgesetzte nun ihre alten Kompetenzen und die entfalteten Kompetenzen neu im Personalbereich nutzen. Sie blühte auf und kann an der Gestaltung dieses Arbeitsbereiches aktiv mitwirken.

Lösung: Mit allen Mitarbeitenden ein Kompetenzen-Profil erstellen, sowie alle Fähigkeiten, Stärken und Talente in einem persönlichen Portfolio aufzeigen. Dies können Führungskräfte bei der Personalentwicklungsauswahl optimal nutzen und die Person zielgerichtet im Unternehmen einsetzen. Gerade vor dem Hintergrund des demografischen Wandels wird der Umgang mit Fachkräften und dem Mitarbeitenden mit seinen Ressourcen in den Unternehmen immer wichtiger.

► **Tipp** Erstellen Sie eine „Berufliche Landkarte" mit jedem Mitarbeiter und betrachten Sie deren Fähigkeiten, Stärken, Talente und Kompetenzen. Gleichzeitig sollten Sie bei Ihren Mitarbeitergesprächen die Kernfrage stellen, was denn für den jeweiligen Mitarbeiter Sinn und Wert in seiner bzw. in einer beruflichen Tätigkeit macht. Prüfen Sie, ob die Mitarbeitenden die **Sinnhaftigkeit und Wert ihres Tuns** schon betrachtet haben und nicht die Sicherheit des Jobs über die eigenen persönlichen Fähigkeiten, Stärken und Talente gestellt wurden. Achten Sie stets auf Verhaltensweisen wie der Mitarbeitende im beruflichen Umgang reagiert und ob er für Sie und seine Kollegen innerlich unzufrieden erscheint.

8.7 Arbeitswelt als Auslöser psychischer Erkrankungen

Unsere Bergtour

Unser Weg war verschüttet von einer alten Winterlawine. Der Hang war sehr steil zu queren und Georg inspizierte zuerst das Gelände. Ein Kollege schaute etwas ängstlich drein. Da sagte ein anderer zu ihm: „Mensch, du wirst doch jetzt kein Weichei sein und diesen Schneehang hier locker überqueren." Dieser Gruppendruck löste noch mehr Furcht in ihm aus. Georg kam zurück und fragte, ob alles klar sei und ob sich jeder gut fühlte vor dieser Überquerung. Der ängstliche Kollege meldete sich zaghaft und sagte er habe ein mulmiges Gefühl. „Kein Problem" sagte Georg, „komm her, ich nehme Dich ans kurze Seil und Du läufst direkt hinter mir." Wir mussten sicherheitshalber alle die Steigeisen anziehen und die Pickel verwenden. Ruhig ging Georg mit dem Kollegen im Schlepptau über diese steile Schneepassage. Wir folgten konzentriert laufend in der gut getretenen Spur von Georg.

Ausgangslage: Die psychischen Erkrankungen am Arbeitsplatz wie Erschöpfung, Erschöpfungsdepression oder Burnout haben besonders in den letzten Jahren markant zugenommen. Wir stehen mit diesen Themen erst am Anfang und die Arbeitsausfälle werden noch weiter zunehmen.

Druck in der Wirtschaft auf die Mitarbeitenden durch Führungskräfte oder eigene Verhaltensweisen der Mitarbeitenden (siehe Abb. 4.3 in Abschn. 4.2) bringen das Fass oft zum Überlaufen und lösen oft in Folge Erschöpfung aus (siehe Abb. 8.3).

Praxisbeispiel: In vielen Fällen unserer Coaching-Arbeit sind alte Führungsverhalten oder Macht- und Autoritätsstrukturen gegenüber Mitarbeitenden oft die Auslöser von Erschöpfung. Durch diese Art von Führung werden Zellerinnerungen (s. Abb. 4.4, Wirkkräfte von mir als Mensch, in Abschn. 4.3) in den Mitarbeitenden geweckt, welche z. T. von weitervererbten negativen Gefühlsthemen, von früheren Generationen wie z. B. Schocks, Traumata, emotionale Verletzungen, stammen.

Grob gesagt kommen ca. 50 % der Ursachen für Erschöpfung aus familiären, soziokulturellen Themen und ca. 50 % der Ursachen aus den beruflichen Umfeldern wie der Tätigkeit, Unternehmen oder Führungskräften selbst. Für Führungskräfte sind daher die

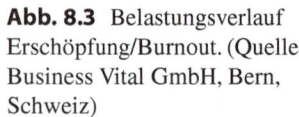

Abb. 8.3 Belastungsverlauf Erschöpfung/Burnout. (Quelle: Business Vital GmbH, Bern, Schweiz)

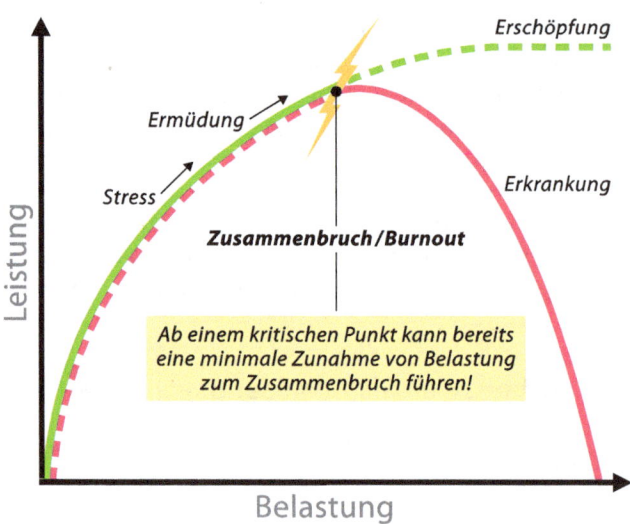

Quick-Wins von Abschn. 8.1 wichtig zu wissen, damit sie ihrer Vorbildfunktion (siehe Abb. 2.3 in Abschn. 2.2) nachkommen können.

Lösung: Gerne gehen wir auf die obere Grafik (siehe Abb. 8.4) ein, mit dem Fokus auf die Führungskraft. Ausgestattet mit dem Wissen, dass Gleiches Gleiches anzieht und die Einstellung der Führungskraft entscheidend ist für die Wirkung auf die Mitarbeitenden, beleuchten wir noch kurz hilfreiche Elemente aus dem Betrieblichen Gesundheitsmanagement und der Führungsarbeit. Dies betrifft die Felder auf der rechten Seite der Grafik:

- Beruf/Tätigkeit:
  Ganz in der Sinnhaftigkeit meines Tuns im Dreiklang mit meinen Stärken, Fähigkeiten, Talenten erbringt jeder Mitarbeitende die größtmögliche Leistungsbereitschaft für das Unternehmen.
- Grad der Selbständigkeit:
  Eine große Selbständigkeit birgt auch die Gefahr, dass zur persönlichen Zielerreichung (Bonus, Incentives) oft über die eigenen körperlichen und geistigen Leistungsfähigkeiten hinausgegangen wird und sich der Mitarbeitende bewusst selbst gefährdet.
- Komplexität der Arbeitswelt:
  Ein Mensch ist kein Roboter, nicht digital wirkend und keine Excel-Tabelle.
  Die hohe Komplexität der Arbeitswelt bewältigen Mitarbeitende dadurch nur in gemeinsamer Lösungsentwicklung im Team/Unternehmen, in Verbindung mit Kommunikation, gegenseitiger Hilfsbereitschaft und Selbstverantwortung.
- Arbeitsbelastungen:
  Überlastungen durch eine zu große Arbeitsmenge oder Arbeitsintensität sollte jede Führungskraft sensitiv erkennen, wenn die/der Mitarbeiter/in seine Aufgaben nicht bewältigt. Überforderungen liegen im fehlenden Know-how der Person und sollten durch

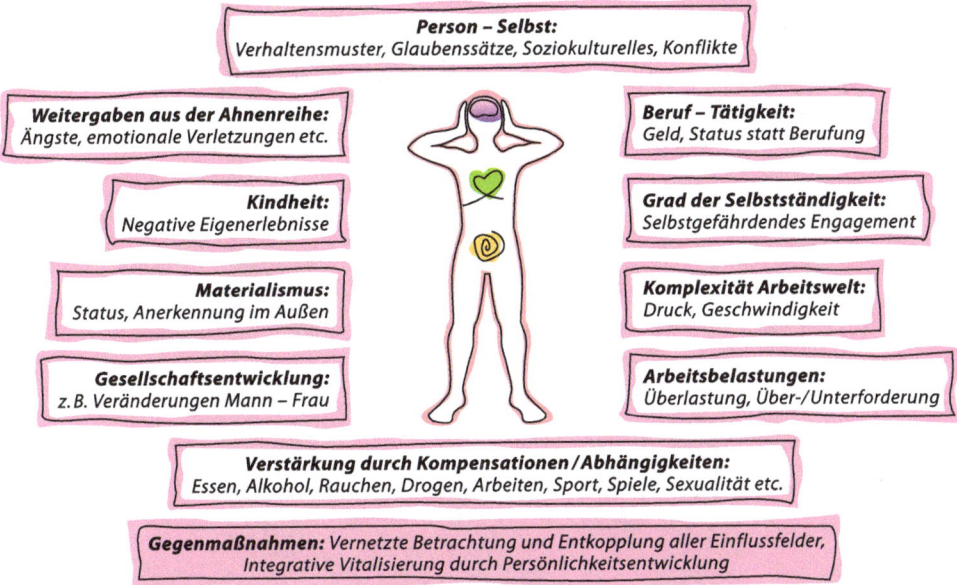

Abb. 8.4 Einflussfelder Erschöpfung/Burnout. (Quelle: C for C GmbH, Wetzikon, Schweiz)

Kompetenzen der geeigneten Person im Team oder Unternehmen ausgeglichen werden. Unterforderungen kommen eher selten vor, wenn Mitarbeitende sich eine Tätigkeit ausgesucht haben, in der sie Sicherheit über die eigenen Kompetenzen und Fähigkeiten gestellt haben.

Zu den Feldern auf der linken Seite oder zur Person selbst haben wir in den vorherigen Kapiteln bereits ausführlich berichtet. Auch sie haben einen großen Einfluss auf die psychische Gesundheit des Menschen, weil hier die Vergangenheit eben noch hineinwirkt. Materialismus und heutige Gesellschaftsentwicklungen befinden sich in einem globalen Veränderungsprozess – dies haben wir Ihnen mit dem 6. Kondratieff-Zyklus aufgezeigt.

Wenn Sie als Führungskraft, ausgestattet mit diesem Wissen aus einer Menschenkenntnis und Menschlichkeit heraus handeln, werden Sie den Erfolg für sich und Ihr Team automatisch anziehen. Psychische Erkrankungen können rechtzeitig erkannt und durch aktives emphatisches „coachendes" Führen präventiv neutralisiert werden.

▶ **Tipp** Achten Sie auf **Kompensationen und Abhängigkeiten** Ihrer Mitarbeitenden. Wenn Kompensationen wie z. B. Essen, Alkohol, Rauchen, Arbeiten, Sport, Spielesucht über ein normales Maß hinausgehen oder es noch weitere Steigerungen erfährt wie Drogen, übersteigerte Sexualität oder Materialismus, dann sollten Sie wachsam sein in Bezug auf Signale nach Überlastungen bzw. Überforderungen. Eine Zunahme von **Krankheitsabsenzen** ist ein Hinweis für körperliche Dysbalancen (Körper, Gedanken, Gefühle). Schwerwiegende **Unfälle** sind ein Hinweis auf anstehende Lebensveränderungen.

Literatur

Beilage Handelsblatt, Hohe Luft_Führung, Interview: Rebekka Reinhard, Thomas Vaszek mit Reinhard Sprenger, Mai 2016.
Schäfer, L. (2004). *Versteckte Wirklichkeit*.

Digitalisierung – Einfluss auf die Menschlichkeit

9

Unsere Bergtour

Wir machten Rast an einer alten Berghütte. Im Gastraum hingen alte Bilder der Bergsteiger von früher. Auf diesen Bildern trugen sie Wollbekleidung und hatten Hanfseile zur Besteigung. „Mein Gott", sagte Georg, „heute wiegt mein Seil noch ein Viertel von dem und die Bekleidung mit den dünnen Schichten ist heute viel wärmer. Ja, die Ausrüstung hat sich wesentlich geändert, auch wie wir heute am Berg gehen ist komplett anders als früher. Ich hoffe doch, dass die Freude und Verbundenheit zu den Bergen noch die gleiche ist." Er grinste und schaute in unsere Runde.

Die Digitalisierung ist in aller Munde und hält heute in allen Lebens- und Arbeitsbereichen auf breiter Basis Einzug. Sie wird überall eingesetzt, wo Erleichterungen, Kommunikationsvielfalt, Verbesserungen in der Informationsvielfalt, Kosteneinsparungen in der Prozess- und Arbeitswelt und bisher noch nicht vorstellbare Innovationen realisiert werden können. Im Grunde soll sie ja ein Segen sein für den Menschen. Das ist sie auch ganz sicher und hat sich in unserer heutigen Welt fast schon einen zu dominanten Platz eingeräumt. Abhängigkeiten sind entstanden, die wir früher so nicht gekannt hatten. Gehen Sie doch einmal hin und nehmen einer Person das Mobiltelefon weg. Was wird wohl passieren?

Gleichzeitig ist in dieser hochtechnisierten Welt die Benutzerin/der Benutzer – sprich der Mensch – immer noch ein Mensch. Der Mensch tickt jedoch in dieser digitalen Welt nicht nach 0 oder 1, sondern zeichnet sich durch Einzigartigkeiten, vielseitige Facetten und Besonderheiten mit einem jeweiligen individuellen Wesenskern aus.

Wie ein PC oder ein Smartphone der Marke XY funktioniert, können Ihnen viele Menschen erklären. Wie ein Mensch tickt und wirkt, wird Ihnen jeder Mensch anders erklären. Hier gilt das Motto: Jeder Mensch hat seine eigene Wahrheit. Jedoch jeder PC oder Smartphone hat nur eine Wahrheit (Funktionen).

Also das Eigenleben von heute vernetzten Dingen scheint ein anderes Eigenleben zu sein als das des vernetzten Menschen.

© Springer Fachmedien Wiesbaden GmbH 2018
P. Buchenau und C. Walter, *Chefsache Menschlichkeit*,
https://doi.org/10.1007/978-3-658-14662-7_9

9.1   Zwei Parallelwelten: Informatik und Energetik

Betrachten wir doch diese beiden Begriffe differenziert:

Die **Informatik** ist eine Strukturwissenschaft, die sich mit der Information und deren automatischen Verarbeitung befasst (Duden 2010).

Die **Energetik** muss wissenschaftlich aus drei Blickwinkeln betrachtet werden:

1. (besonders Musik) der Gehalt an oder das Auftreten von Energie
2. (Physik) Lehre von der Umwandlung und industriellen Nutzung der Energie
3. (Philosophie) naturphilosophische Richtung (nach W. Ostwald), die die Energie als Wesen und Grundkraft aller Dinge erklärt

Wo liegt nun der Unterschied zwischen Informatik und der Energetik?

In der Informatik wird die Information (Zahlen, Buchstaben, Zeichen, Bilder) mittels unterschiedlichen Software-Programmen übertragen. Die Übertragung und Verarbeitung findet auf physikalische Art (Strom, Licht) und durch informative Art (Daten) im Schichtenmodell OSI durch Übertragung auf unterschiedlichen Layern statt (Layer 1–7).

In der Energetik wird die Information (Gedanken, Worte, Gefühle, Handlungen) mittels neuronaler und Herz-Resonanz-Energie, also vom Gehirn und Herz übertragen. Die Übertragung und Verarbeitung findet hier ebenfalls je nach physikalischer (Handlungen, Worte) oder informativer Art (Gedanken, Gefühle) im Schichtenmodell Aura durch Übertragung auf unterschiedlichen Auraschichten in Ebenen (Ebene 1–7), Energieflüssen im Körper und durch die Anziehung und Ausstrahlung des Herz-Resonanz-Feldes statt.

Daraus abgeleitet ergeben sich nun zwei Parallelwelten. Die Welt der Informatik verkörpert durch die „I-Cloud" (IT, Internet und Information-Cloud). Daneben die Energetik verkörpert durch die „H-Cloud" (Human, Herz und Herz-Resonanz-Cloud). Dies haben wir Ihnen in einer einfachen Grafik und Erklärung unten dargestellt (siehe Abb. 9.1).

Kurz noch zu „I-Cloud" und „H-Cloud", deren Definition und ihrer Wechselwirkung zueinander:

Die „**I-Cloud**": Hier ist die Struktur die **Informatik,** welche im „Internet der Dinge" alle Technologien und Gerätschaften miteinander vernetzt. Diese Verbindungen und Vernetzungen finden heute mehr denn je drahtlos über verschiedene Informations-Übertragung-Zellen statt. Bekannte Technologien sind hierbei z. B. Bluetooth, WLAN, Mobilfunk, Satellitenübertragung u. v. m. und wirken heute lokal, regional, national und weltumspannend. Die Digitalisierung und die dabei verwendeten Technologien, wie z. B. drahtlose Übertragungstechnologien, wirken dadurch direkt und indirekt auf den Menschen.

Re: Hier ist bewusstes Wissen gespeichert und wird vernetzt genutzt. Unbewusstes Wissen gibt es in der I-Cloud nicht. Es ist alles bewusst programmiert und abgelegt worden.

Parallel dazu haben wir die zweite Welt: die des Menschen.

Die „**H-Cloud**": H-Cloud steht dabei für Human oder Heart (Herz). In der Tiefe auf den Menschen gesehen können wir auch in Bezug auf die Kap. 5, 6, 7 mehr von Herz-Cloud sprechen. Hier ist die Struktur die **Energetik,** welche durch „Vernetzung des Menschen"

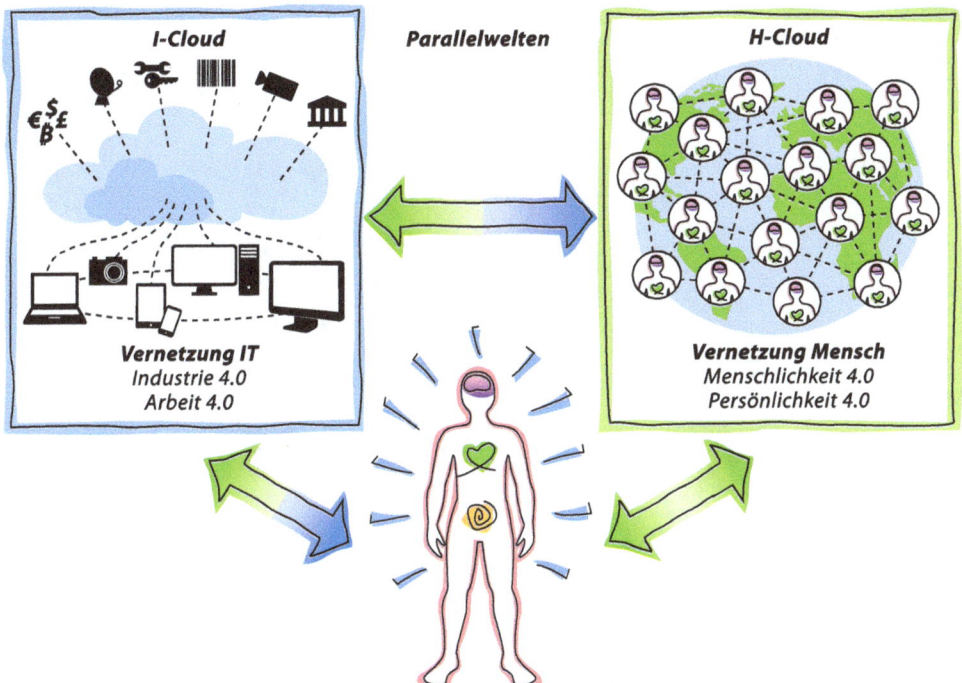

Abb. 9.1 I-Cloud und H-Cloud – zwei Parallelwelten. (Quelle: C for C GmbH, Wetzikon, Schweiz)

alle Menschen untereinander und miteinander verbindet. Diese Verbindungen finden auch drahtlos statt, in dem jeder Mensch durch sein Herz und Gehirn als Informations-Übertragung-Einheit zu sehen ist. Bekannte Technologien sind hierbei die Herz-Resonanz und die Kohärenz, welche auch lokal, regional, national und weltumspannend wirken.

Re: Hier ist bewusstes und unbewusstes Wissen gespeichert und wirkt hier vernetzt im Gesetz der Resonanz. Das Nicht-kennen des Unbewussten macht daher die H-Cloud komplexer, da das Unbewusste ca. 90 % einnimmt (siehe Abb. 9.2).

Der Mensch mit seinem Informationsfeld Körper (physischer und energetischer Körper) wirkt separat in seiner H-Cloud parallel zur I-Cloud mit deren verschiedenen Informationsfeldern (siehe Abb. 9.3).

Die Digitalisierung dient dem Menschen und die Menschen dienen untereinander anderen Menschen. Alles ist quasi miteinander vernetzt.

Daraus entstehen in der Unternehmenswelt Businessmodelle, Partnerschafts- und Vertriebsmodelle, Organisationsstrukturen bis hin zu neuen Führungsstilen. In der privaten Welt sind die Menschen mit Unternehmen, ihren Familien, Landsmannschaften, Vereinen, sozialen Kontakten und ihren Kulturen vernetzt. Beide Clouds wirken eigenständig und parallel ineinander und zueinander und sind vereint im Gesamtenergiefeld in der universellen Cloud der Erde.

Abb. 9.2 Bewusstsein und Unterbewusstsein Mensch. (Quelle: C for C GmbH, Wetzikon, Schweiz)

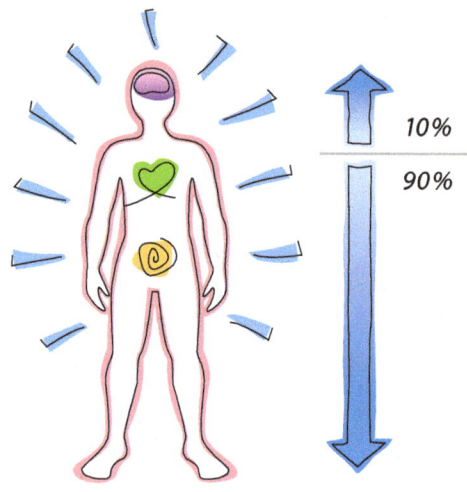

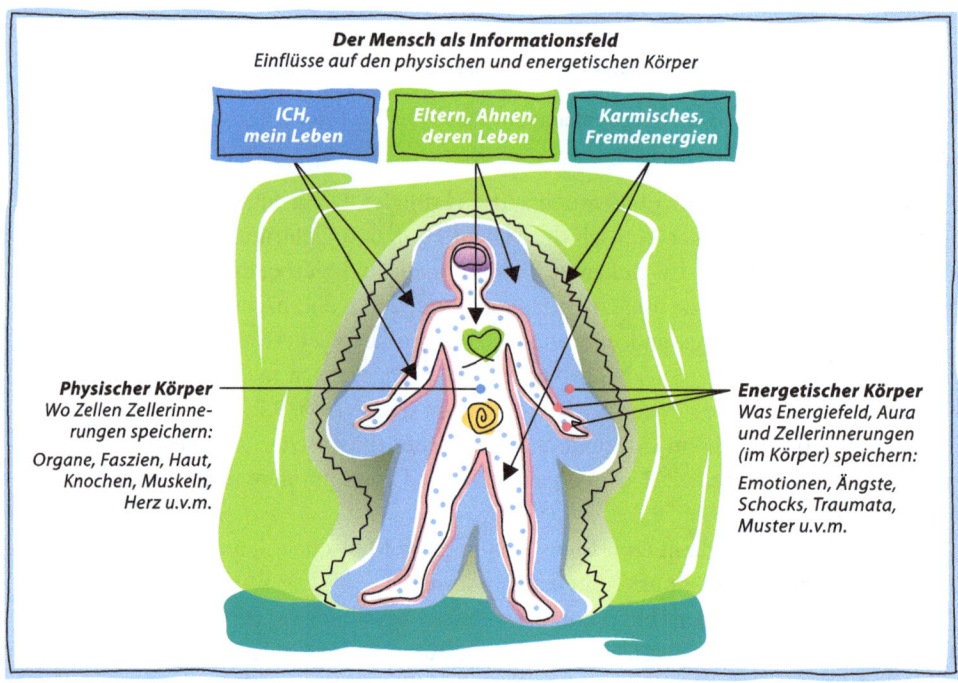

Abb. 9.3 Informationsfeld Mensch. (Quelle: C for C GmbH, Wetzikon, Schweiz)

9.2 Auswirkungen auf den Menschen

Die bekanntesten Aussagen von Personen sind ja immer: „Ich habe Stress". „Mein Chef macht mir Druck in der Firma." „Ich habe Druck in der Familie." Druck nimmt heute jeder Mensch anders wahr. Wichtig erscheint uns, dass Druck von zwei Seiten gleichzeitig auf den jeweiligen Menschen einwirken kann. Der Druck kann hälftig seitens der Familie oder Unternehmen erfolgen (siehe Abb. 9.4).

Was könnte es alles sein, das Druck auslöst? Hier einige Einflussfaktoren:

50 %: Ich als Person, meine Familie oder meine Ursprungsfamilie:

- Soziale und kulturelle Aspekte und ihre Wertesysteme
- Gesellschaftliche Einflüsse, Mann-Frau-Schema, Generationskonflikte
- Landsmannschaft: Heimat, Wohnort, Region, Land
- Ursprungsland früherer Generationen, Entwurzelung
- Erziehung, Ursprungs- und Wahlfamilie
- Verhalten, Muster, Gewohnheiten

50 %: Meine Arbeitsstätte, Tätigkeit und berufliche Entwicklung:

- Finanzströme, Globalisierung, Gewinn, Verlust, Erfolg
- Kundenanforderungen, Markteinflüsse, Komplexität der Arbeitswelt
- Digitalisierung, weltweite Produktionsstandorte, Vernetzungen
- Handel, Waren, Dienstleistungen
- CEO, Geschäftsleitung, Mission, Vision
- Vorgesetzte, Kollegen, abteilungsübergreifende Bereiche

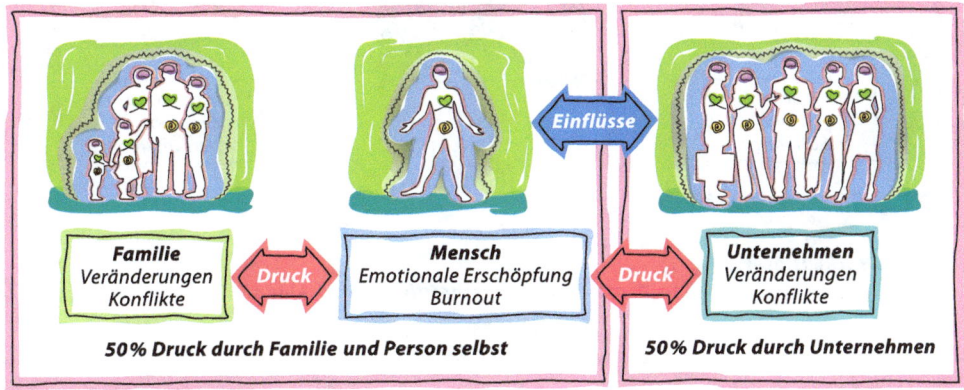

Abb. 9.4 Druckverteilung aus Familie und von Unternehmen. (Quelle: C for C GmbH, Wetzikon, Schweiz)

Wenn wir uns nun auf die Auswirkungen des Drucks seitens Unternehmen konzentrieren, anhand dem Beispiel Digitalisierung, dann löst die Digitalisierung durch ihre schnellere Entwicklung Druck auf den Menschen aus. Der Mensch in seiner parallelen Entwicklung durchläuft jedoch eine langsamere Entwicklung als die informationstechnologische Entwicklung (siehe Abb. 9.5).

Der Mensch ist eben ein Mensch und keine Maschine. Der Mensch funktioniert nach wie vor analog und nicht digital. Gleichzeitig findet die wirtschaftliche Entwicklung nur mit den Menschen statt. Also braucht die Digitalisierung die Mitarbeit des Menschen um die Entwicklungslücke zwischen der menschlichen Entwicklung und der schnelleren Entwicklung der Digitalisierung erfolgreich zu schließen (siehe Abb. 9.6).

Neben den Auswirkungen haben wir auch noch **Einwirkungen auf den Menschen,** die entweder Kraft ausüben oder Kraft blockieren.

Die Informationsflut bringt immer mehr und immer schneller Informationen zu den Mitarbeitenden sowohl von innerhalb des Unternehmens als auch von außerhalb (Verein, Freunde, Familie). All diese Informationen lösen Reaktionen aus. Wie:

- Mit welcher inneren Haltung lesen Mitarbeitende die Informationen, welche sie von Kollegen oder seitens der Familie, Freunde erhalten?
- Welche eigenen Gedanken und Gefühle haben sie dabei?
- Was für eine Einstellung haben sie gegenüber der Person, welche ihnen die Information sendet?

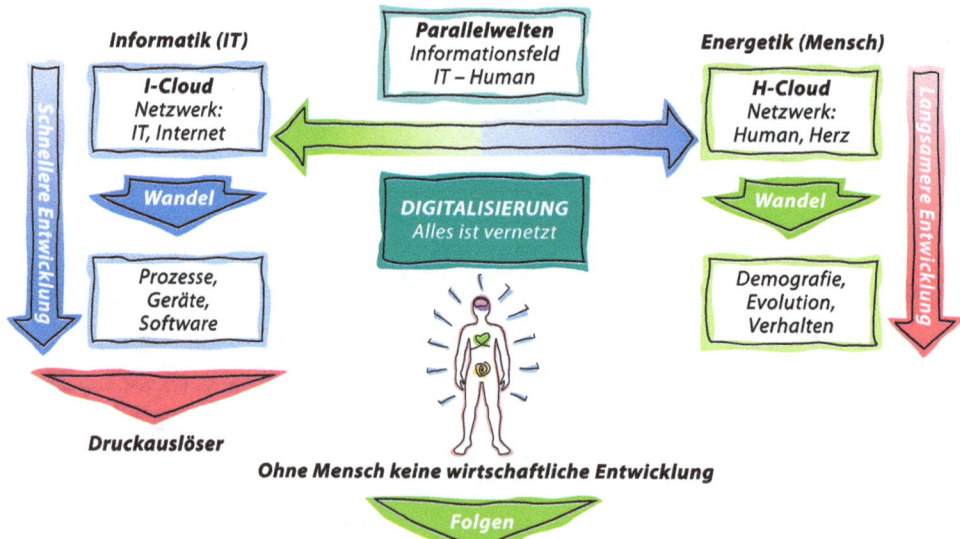

Abb. 9.5 Druck-Auslöser Digitalisierung. (Quelle: C for C GmbH, Wetzikon, Schweiz)

Abb. 9.6 Diagramm Evolution. (Quelle: C for C GmbH, Wetzikon, Schweiz)

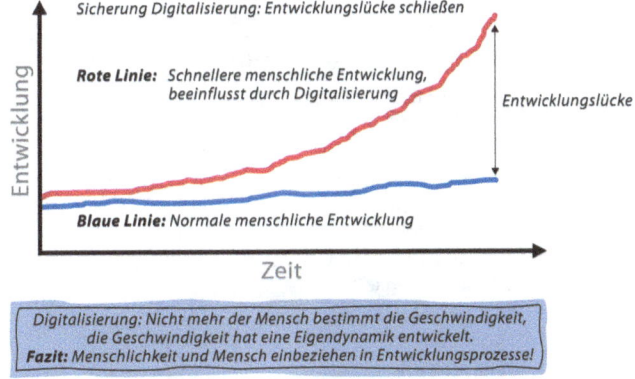

Hier einige Impulse für Führungskräfte in Bezug auf Leistungsminderungen:

- Nachrichten von außerhalb reißen Personen aus ihren Prozessen und Gedanken und Gefühlen heraus.
- Durch die höheren Anforderungen an die schnellere und komplexere Informationsverarbeitung entsteht ein höherer Druck.
- Die Informationen arbeiten im Unterbewusstsein weiter und führen somit indirekt zu einer unbewussten Leistungsminderung.
- Die Grundeinstellung gegenüber der IT ist unterschiedlich je nach Alter und benötigt eine unterschiedliche Herangehensweise.

Hierzu sollten neue Handlungsweisen entwickelt werden und gleichzeitig werden neue Kompetenzen von den Mitarbeitenden benötigt. Moderne Unternehmen erstellen Kompetenzen- und Fähigkeitsprofile ihrer Mitarbeitenden. Die Führungskräfte können dadurch komplexere Aufgaben im Zuge der Digitalisierung besser an die Mitarbeitenden aufteilen oder Projektgruppen mit den entsprechenden Mitarbeitern und deren Kompetenzen zusammenstellen. Dies wäre die Hinlenkung zum lösungsorientierten Führen.

So wie sich die Digitalisierung entwickelt, sollte sich parallel dazu auch der Mensch entwickeln. Die Persönlichkeitsentwicklung und Führungskräfteentwicklung hin zu mehr Menschlichkeit 5.0 sind die logische Folge.

Druck wirkt demnach von außen auf den Menschen und erhöht den bereits schon vorhandenen inneren Druck (siehe Abb. 9.7).

Was der Druck von innen bedeutet, möchten wir hier kurz zusammenfassen:

Transformation

Parallel zur Aneignung von Wissen und Fähigkeiten sollte jede Person auch die eigene Persönlichkeit entwickeln und seinen eigenen Wesenskern freilegen.

Ist der eigene Lebensrucksack geleert, kann auch jede neue Aufgabe und Lebenssituation leichter bewältigt werden.

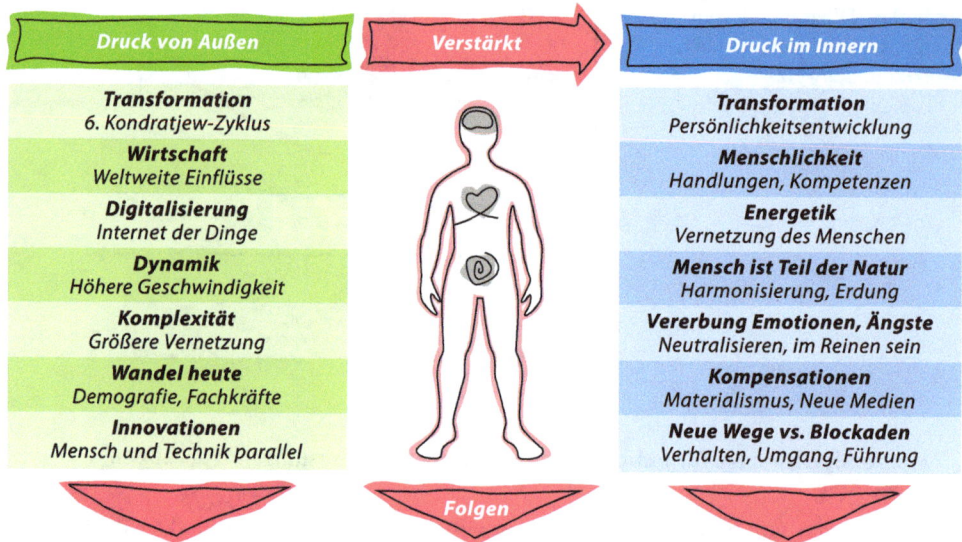

Abb. 9.7 Druck von außen und innen. (Quelle: C for C GmbH, Wetzikon, Schweiz)

Menschlichkeit

Wir sind Menschen und keine Maschinen oder Excel-Tabellen und wollen daher auch gerne als solche behandelt werden. Dieser Aspekt findet besonders wieder bei der jüngeren Generation einen größeren Anklang. Diesem Thema haben wir ein eigenes Kapitel gewidmet.

Energetik

Siehe Abschn. 8.1.

Mensch ist Teil der Natur

Der Mensch ist ein Bestandteil der Natur (Fauna, Flora, Umwelt), auch wenn er heute anders lebt als früher. Die Natur hat ihre eigenen Rhythmen und Schwingungen und harmonisiert sich stetig selbst. Der Mensch sollte sich auch immer rückverbinden mit der Natur, um sich zu harmonisieren und zu erden. Hohe Belastungen können dadurch leichter gemeistert werden.

Vererbung, Emotionen, Ängste

Negative Emotionen oder Ängste aus Schocks, Traumata oder verletzenden negativen Erlebnissen werden bis zu 5 Generationen zurückliegend weitervererbt. Diese Themen sind energetisch auf Zellenebene oder im Energiefeld des Menschen gespeichert. Sie sind mit die größten Verursacher von Druck. Diese oft hochkommenden Emotionen werden dann gerne kompensiert und wieder heruntergedrückt. Als Folge treten noch stärkere Körpersymptome in kürzerer Folge auf. Erst wenn wir mit uns selbst im Reinen sind und die Dinge der Vergangenheit neutralisiert sind – dies betrifft jede Person selbst – können wir nachhaltig Druck von außen standhalten.

Kompensationen

Sobald sich die Gefühlswelt meldet, sprich der Druck von innen groß wird, neigen viele Menschen zu Kompensationsverhalten wie z. B. rauchen, essen, Alkohol, Drogen, übertriebene Sexualität, arbeiten, Spiele, Materialismus und neue Medien (Internet, Mobile). Damit sollen oft unbewusst diese Gefühle heruntergedrückt werden.

Neue Wege vs. Blockaden

Wenn neue Wege gegangen werden sollen in Veränderungsprozessen, braucht dies oft auch eine Veränderung im Verhalten, Umgang oder in der Führung. Sie lösen Druck aus in Form von Konflikten. Diese Konflikte haben meist ihren Ursprung aus der eigenen Geschichte oder wurden von früheren Generationen her weitergegeben. Hier ist ebenfalls eine Neutralisierung oder eine lösungsorientierte Führung empfohlen.

Die Wirkung des Drucks auf den Menschen haben wir Ihnen mit der Druckspirale in Abb. 7.3 in Abschn. 7.2 aufgezeigt. Bei längerem Bestehen kann dies Erschöpfung und in Folge davon auch psychische Erkrankungen auslösen.

▶ **Tipp** Wir möchten Ihnen unsererseits nun einige Anregungen mitgeben in Bezug auf eine „Druck-Auflösung". Grundsätzlich haben sowohl die Führungskräfte als auch die Mitarbeiter/innen Eigenverantwortung zu tragen. Im Vordergrund steht eine gemeinsame Lösungsorientierung, die auf Hilfsbereitschaft, Kommunikation, rechtzeitiger Konfliktlösung und optimaler Kompetenzennutzung zu tun hat. Die Sinnhaftigkeit des Tuns eines jeden Mitarbeitenden steht dabei ebenso hoch im Kurs wie der präventive Ansatz des Betrieblichen Gesundheitsmanagements (siehe Abb. 9.8).

Fazit der Auswirkungen auf den Menschen

Die Informationsübertragung in der Informatik funktioniert bei einem gewissen Programm z. B. WhatsApp immer gleich. Die Information hat dabei keine Wertung und unterliegt höchstens einer Priorisierung wie z. B. bei der Internet-Telefonie.

Die Informationsübertragung in der Energetik funktioniert nach dem Prinzip (Gesetz der Resonanz) auch immer gleich.

Die Information (Gefühle und Gedanken), die beim Mensch gespeichert ist, hat jedoch eine positive oder negative Ausprägung.

Sehen wir den Menschen als Informationsfeld, sind darin Störungen (Erinnerungen wie: Schocks, Traumas, Ängste, Emotionen etc.) digital gespeichert, die zusätzlich noch in der Informationsverarbeitung durch Falschprogrammierungen (Verhaltensweisen, Muster etc.) zu Fehlfunktionen führen können. Sprich, das Informationsfeld funktioniert nicht einwandfrei.

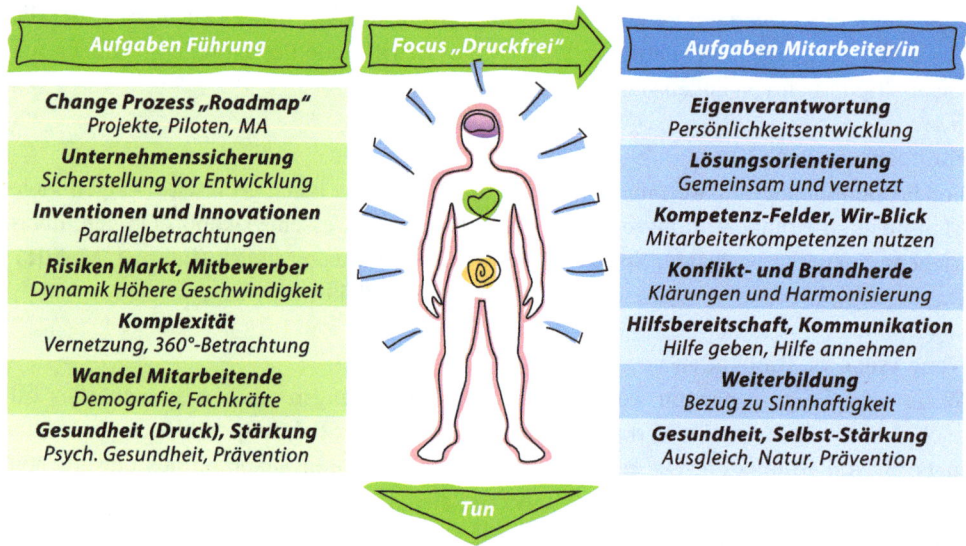

Abb. 9.8 Change Prozess Führung. (Quelle: C for C GmbH, Wetzikon, Schweiz)

Je nach Umgebung und Zusammenkunft mit Menschen können die im Informationsfeld gespeicherten Informationen unterschiedlich wirken oder sich unterschiedlich auswirken. Dies ist analog einer Firma, die mit Störungen in Ihrer IT-Infrastruktur und Fehlprogrammierungen in ihrem ERP-System auch nicht einwandfrei arbeiten kann. Die Störungen im Informationsfeld des Menschen können jedoch nicht durch den Austausch mit einem neuen Patch oder Softwareupdate erfolgen, sondern können nur durch Umprogrammieren und Neutralisieren der Störungen behoben werden. Daher ist die individuelle Arbeit mit jedem Menschen in der Persönlichkeitsentwicklung in einem nächsten Entwicklungsschritt so wichtig. Ansonsten kann der Mensch der IT nicht mehr folgen und setzt sich selber ständig weiter unter Druck, was einen weiteren Anstieg der psychischen Erkrankungen zur Folge hat.

▶ **Wichtig** Der Mensch hat eine komplexere Struktur in der Informationsverarbeitung als die Informatik. Somit benötigt er länger.

Von der Führungskraft erfordert dies ein höheres Maß an Persönlichkeitsentwicklung und Rückkehr zu einem verstärkten menschlichen Umgang. Sprich lösungsorientierten und gesundheitsförderlichem Führen.

9.3   Ich – Chef – Vorbild: Hin zu Persönlichkeitsentwicklung

Im Wirkungsdreieck Führung (siehe Abb. 9.9) spielt die Digitalisierung somit als zusätzlicher Einflussfaktor von außen eine besondere Rolle. Um diesen zusätzlichen Belastungen standhalten zu können, benötigt die Führungskraft eine größere innere Ruhe. Dies vor dem Hintergrund, dass sie ja gleichzeitig auch noch eine Vorbildfunktion wahrnehmen sollte.

Strahlt die Führungskraft Ruhe und Gelassenheit aus, analog unserem Bergführer Georg, kann sie lösungsorientiert mit ihren Mitarbeitern alle Aufgaben lösen.

Dies setzt eine eigene Persönlichkeitsentwicklung voraus, weil dadurch jede Führungskraft zwei Fliegen mit einer Klappe schlägt. Sie lernt an sich und lernt dadurch auch gleichzeitig mit ihren Mitarbeitenden menschlicher und lösungsorientierter umzugehen.

▶ **Wichtig** Mein Handeln als Führungskraft wird bestimmt durch die äußeren Einflussfaktoren meines Unternehmens und die inneren Einflussfaktoren, meines Ursprungs als Mensch seitens meiner Familienherkunft. So werde ich als Vorbild wahrgenommen und wirke entsprechend.

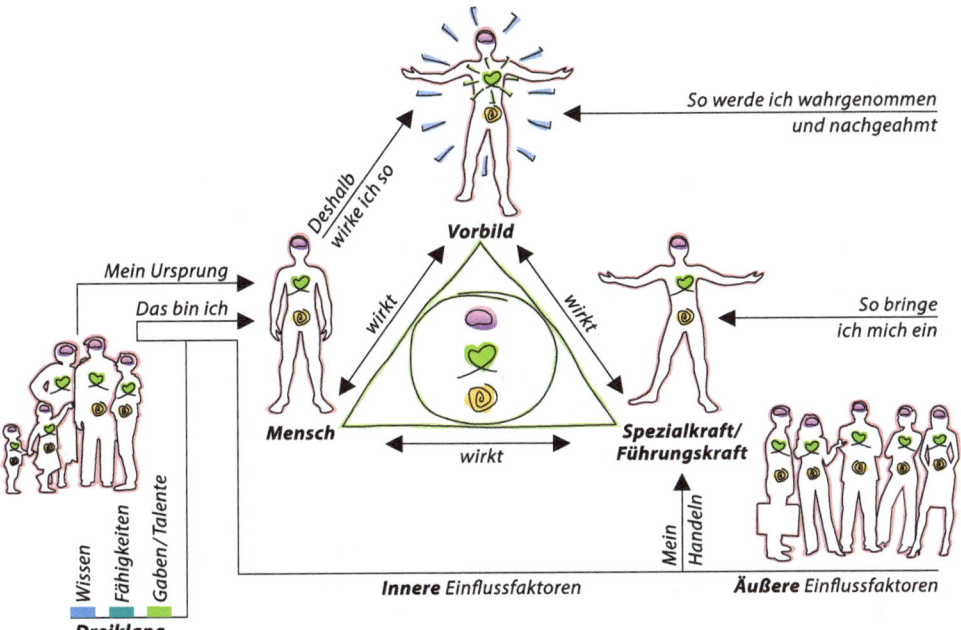

Abb. 9.9 Vorbild Wirkungsdreieck. (Quelle: C for C GmbH, Wetzikon, Schweiz)

9.4   Evolution: Menschlichkeit 5.0

Wenn die Evolution des Menschen anhand der sechs Kondratieff-Zyklen gespiegelt wird, dann hat sich der Mensch in immer schnelleren Zeitphasen weiterentwickelt.

Die Digitalisierung in der parallel laufenden Globalisierung gibt erneut ein höheres Tempo im Wandelprozess des Menschen vor. Der Mensch kann jedoch nicht die gleiche Geschwindigkeit mitgehen wie die Digitalisierung. Dies liegt daran, dass die Digitalisierung frei von Werten und Emotionen ist. Ein Informatikprogramm oder ein Gerät kann einfach im Zuge der Digitalisierung ersetzt werden.

Einen Menschen kann ich nicht einfach ersetzen. Daher kann die Digitalisierung nur erfolgreich sein, wenn ich als Mensch auch gewachsen bin und mich von all den alten „Programmen" und „Informationen" der Vergangenheit befreit habe. Dies setzt eine parallele Transformation des Menschen durch Persönlichkeitsentwicklung voraus.

Es braucht daher zwei Entwicklungsprozesse: den der Digitalisierung und den des Menschen. Die Zukunft gewinnen diejenigen, welche die Digitalisierung und die Menschlichkeit vereinen.

Somit kann Industrie 4.0 nur gewinnen, wenn die Entwicklung und Einführung der Digitalisierung sich parallel mit der Menschlichkeit 5.0 entwickelt.

Diesen spannenden Entwicklungsweg darf jeder Mensch gehen. Jede Person hat für sich eine Eigenverantwortung und darf im Zuge des Dreiklangs von Wissen, Fähigkeiten und Talenten auch seine Gaben und Persönlichkeit fördern.

Für Unternehmen entstehen im Personalmarketing dadurch in Zukunft auch Mehrwerte, welche sie als Arbeitgeber attraktiver machen.

▶   **Tipp** Es gibt sogar einen ROI der Menschlichkeit, wie sich Menschlichkeit rechnet oder wie menschliche Führung sogar die Bilanz verbessert. Dies haben Stephan Brockhoff und Klaus Panreck (2017) aufgezeigt.

Unsere Bergtour

Nach einigen Tagen sind wir unter der Leitung von Georg im Basislager angelangt. Wir haben bis hierhin und als Vorbereitung auf die Gipfelbesteigung hoffentlich schon einiges wertvolles Rüstzeug in Form von Erkenntnissen mitnehmen können. Mit Georg sind wir nun ein eingespieltes Team. Jeder schätzt ihn und freut sich mit auf dem Weg gehen zu dürfen.

Mit einem großen Kraftakt schafft es sicherlich jede Person einmal im Leben einen Gipfel zu besteigen. Denken Sie jedoch daran, Sie sollten auch wieder sicher herunterkommen und möchten auch gerne weitere Gipfel in Ihrem Leben besteigen. Die Akklimatisierung und zu sich zu kommen sind immens wichtige Themen beim Aufstieg.

Aufs Leben übertragen rennen viele Führungskräfte oder Manager in Seminare, die Erfolge versprechen oder Ihnen Zieldefinitionen aufzeigen. Dabei hatten sie jedoch die

Abb. 9.10 Bergaussicht.
(Quelle: C for C GmbH, Wetzikon, Schweiz)

Vorbereitung (mit sich selbst im Reinen sein) und die Akklimatisierung („Wie gehe ich den Weg genau") vergessen und wundern sich, wenn sie viele Höhenmeter vor dem Gipfel erfolglos umdrehen müssen oder schlimmstenfalls sogar abgestürzt sind.

Jede Führungspersönlichkeit möchte gerne Personen oder Mitarbeitende begeistern, beleben, bewegen und bereichern.

Daher ein passendes Zitat:

Unübersehbare Spuren hinterlassen wir dann, wenn wir den Mut haben, Wege zu gehen, die vor uns noch niemand gegangen ist (Ernst Ferstl).

Zitat zu unserer Bergtour:

Wer die Mühe scheut, einen Berg zu erklimmen
 wird nie mit einer anderen Aussicht belohnt werden (siehe Abb. 9.10)
 (Anke Maggauer-Kirsche).

Unsere Bergtour

Georg trifft sich mit den Trägern und lokalen Führern und bespricht mit ihnen nach erfolgter Vorbereitung und Akklimatisierung die eigentliche Bergtour. Ab jetzt gilt es, den genauen Fokus auf den Berg zu richten.

Georg holt sich hier einen langjährigen Bergführerkollegen hinzu, da die Besteigung des Gipfels ein Zusammenspiel von zwei erfahrenen Bergführern benötigt. Jetzt beginnt die zweite Planung und die Umsetzung der Gipfelbesteigung: der Performer-Methode.

Literatur

Brockhoff, S., & Panreck, K. (2017). *Menschlichkeit rechnet sich*. Frankfurt am Main: Campus. ISBN 978-3593505947.
Duden, Bedeutungswörterbuch, Band Nr. 10, 2010.

Die Performer-Methode – Eine kleine Einführung 10

Die Einstellungen von Führungskräften und Mitarbeitern sind entscheidend für den Erfolg eines Unternehmens. Genau hier setzt die Performer-Methode (Gabler Verlag, 2012) an: Sie ist ein Leitfaden für langfristigen Erfolg und orientiert sich an traditionellen sowie neuen Werten der heutigen Zeit. Denn Werte sind die Basis aller Entscheidungen – das gilt für Individuen wie für Unternehmen. Und ebenso wie eine gewisse Disziplin zum Durchhalten, werden auch Werte zunehmend wichtiger. Deshalb lehrt die Performer-Methode, wie wir noch mehr in uns selbst hineinhören und auf uns hören lernen. Ziel der Performer-Methode ist es, eigene verborgenen Sehnsüchte, Talente, verschüttete Wünsche oder Zielsetzungen zu erforschen – und zum Handeln nach den ureigenen Werten zu motivieren. Um mit Leidenschaft, Herz und Hirn Entscheidungen zu treffen und auch bereit zu sein, eventuell Fehlentscheidungen einzugehen.

Die neun Merkmale der Performer-Methode und gleichzeitig die wichtigsten Attribute, die erfolgreichen Menschen Sinn und Halt im (Berufs)leben garantieren, sind:

P = Purpose und Visionsarbeit (Sinn und Ziel)
E = Empowerment
R = Relationship (Beziehung und Kommunikation)
F = Flexibilität
O = Optimismus und Motivation
R = Respekt (Anerkennung)
M = Magnetismus
E = Energie und Tatkraft
R = Resultate und Ergebnisse

© Springer Fachmedien Wiesbaden GmbH 2018
P. Buchenau und C. Walter, *Chefsache Menschlichkeit*,
https://doi.org/10.1007/978-3-658-14662-7_10

10.1   Purpose und Visionsarbeit: Menschlichkeit stiftet Sinn – die Vision bestimmt den Weg

Als Walt Disneys Vergnügungspark „Magic Kingdom" in Florida gebaut wurde, hatten die Planer die Wahl zwischen zwei Plänen. Die vermeintlich günstigere Variante: Zunächst die Infrastruktur rund um das Märchenschloss zu bauen, dann das Schloss. Die Alternative: Mit dem Schloss selbst zu beginnen, also die Zielvision sichtbar zu machen, und danach erst die Infrastruktur rund herum. Raten Sie mal, welche Version sich durchgesetzt hat? Die zweite, teurere Variante setzte sich durch – und erstaunlicherweise wurde der Park sogar in kürzerer Zeit fertig und die Baukosten wurden unterschritten.

Führungs- und Lebensqualität hängen direkt davon ab, was Führungskräfte vorleben. Führung muss Sinn machen. Nur wenn Führungskräfte sinnvoll handeln, können sie den Sinn an der Arbeit auch ihren Mitarbeitern vermitteln. Indem sie ihren Mitarbeitern sinnvolle Aufgaben kommunizieren, spornen sie diese zu Höchstleistungen an. Gute Führungskräfte handeln menschlich und achten außerdem auf die Vielfältigkeit und Andersartigkeit der einzelnen Mitarbeiter sowie deren unterschiedliche Wertevorstellungen.

Und Sinn zu kommunizieren, heißt ja nichts anderes, als menschlich zu handeln. Anstatt als Führungskraft im Befehlston zu kommunizieren und Mitarbeiter als austauschbare Befehlsempfänger zu behandeln, setzt menschliche Führung eine Kommunikation in Gang, bei der es darum geht, das menschliche Bedürfnis nach einer sinnstiftenden Arbeit und somit das Menschsein des Mitarbeiters ernst zu nehmen. Der Mensch ist halt keine Maschine, die nicht nach dem Warum fragt!

Wenn wir schon dabei sind: Warum überhaupt das alles? In Zukunft muss immer mehr Arbeit von immer weniger Menschen vollbracht werden. Performer sind Menschen, die einen gesunden und sinnvollen Leistungswillen in sich tragen. Sie erzielen Leistung durch ein vorbildliches Sinnverständnis – und zwar in nachhaltigem Sinne und nicht mit kurzfristigem Gewinnstreben von Geldgebern und Stakeholdern. Für einen weisen Performer ist es Maxime, nicht nur die eigenen Werte zu entwickeln und immer wieder an die Gegenwart anzupassen, sondern auch anderen zu helfen, ihre individuellen Werte zu erkennen und zu entwickeln.

Unsere Bergtour

Weil für die Gipfelbesteigung das Zusammenspiel von zwei erfahrenen Bergführern nötig war, unterstützte zusätzlich Georgs langjähriger Bergführerkollegen Xaver unsere Gruppe ab dem Basislager. Er besaß das gleiche vertrauenserweckende Wesen wie Georg, war aber vom Typ her doch anders. Während Georg etwas von einem bodenständigen Naturburschen hatte, hatte Xaver etwas von einem Manager, dessen Business „Bergsteigen" lautete.

Nachdem Georg uns ihn im Basislager vorgestellt hatte, kam er am Abend, als wir bereits in den Zelten waren, zu mir. Er unterhielt sich mit mir, verschaffte sich einen Überblick über meine Ausrüstung, fragte mich, wie ich die Tour bisher empfunden hatte und meistern konnte, und gab mir dann noch einen Tipp, wie ich besser mit meiner

Stirnlampe umgehen konnte, bevor er wieder ging. Ob er wohl bei jedem aus unserem Team vorbeischaute, fragte ich mich.

Am nächsten Morgen beim Frühstück fand ich es heraus – das hatte er tatsächlich getan und mit jedem einzelnen aus unserer Gruppe gesprochen. Bei seiner morgendlichen Ansprache betonte Xaver fast rechtfertigend: „Nicht, um euch zu bevormunden, sondern um Euch, Eure Erfahrung und Ausrüstung kennenzulernen. Ich muss wissen, wen ich führe, um das Wie zu entscheiden! Der Aufstieg zum Gipfel wird nämlich noch herausfordernder als das, was ihr auf dem Weg zum Basislager erlebt habt. Deswegen habe ich mir zusammen mit Georg ein Buddy-System ausgedacht, sodass ihr Euch jeweils in Zweierteams gegenseitig unterstützt und dafür sorgt, dass es dem anderen und Euch gut geht." Selbst die, die anfangs gestern Abend noch über Xavers späten Besuch und die Ausfragerei gemurrt hatten, sahen jetzt darin einen Sinn.

Der Sinn und die Vision beeinflussen sich gegenseitig. Während Visionsarbeit darauf abzielt, ein großes Ziel zu definieren (das „Was"), meint „Purpose" mehr die Art und den Grund, wie und warum man ein bestimmtes Ziel verfolgt. Das Ziel bestimmt alle weiteren Schritte! Wenn ich zum Beispiel auf den Feldberg hinaufwandern will, reichen mir Turnschuhe, leichte Bekleidung und ein Regenschutz. Da muss ich mich nicht viel weiter vorbereiten, das schafft eigentlich jeder normale Mensch. Wenn ich aber ein anderes Ziel habe, wenn meine Vision nicht Feldberg heißt, sondern Berg Athos oder K2, dann hat das andere Folgen. Daher muss die Vision klar sein. Denn wenn mein Ziel „K2" heißt, dann brauche ich eine längere Vorbereitungszeit, ein Team aus Sherpas, Kondition, Sauerstoff und so fort. Ihn besteigen zu können, das geht nicht von heute auf morgen. Zwei der strategischen Punkte sind also bei der Planung Kondition und Finanzierung zu berücksichtigen.

Auf dem Feldberg brauche ich keinen Führer, auf dem K2 aber schon. Welchen Bergführer nehme ich? Einen, der den K2 oder einen, der den Schwarzwald kennt? Und wann ist eigentlich die beste Zeit, um hochzulaufen bzw. ihn zu besteigen?

Sie sehen also: Alle einzelnen Schritte der Performer-Methode werden von der Vision beeinflusst. Deshalb ist die Vision so wichtig, sie ist alles entscheidend. Sie bestimmt die Zukunft! Also fragen Sie sich als Erstes: Wo sehen Sie sich in 5 bis 8 Jahren?

Ein Geschäftsführer, der sich für die Performer-Methode und Menschlichkeit (neben Profit oder Umsatz) in seinem Unternehmen interessiert, muss ebenso alle nachfolgenden Punkte der Performer-Methode darauf ausrichten.

Auch die Visionsarbeit ist menschlich. Heißt doch, sich eine Vision zu suchen, nicht anderes, als sich nicht mit dem Status quo zufrieden zu geben, und sich als Mensch weiterzuentwickeln. Inhumanität nannte Johann Gottfried Herder, in „roher Tierheit" oder „Brutalität" zu verbleiben oder zu versinken. Und was ist die Suche und Verwirklichung einer Vision anderes, als seinem Leben und Wirken einen Sinn zu geben? Genau das unterscheidet den Menschen nicht nur vom Tier, sondern auch von der Maschine, die beide „ihr Wesen" nicht verändern.

Unsere Bergtour

„Na, Xaver, wie bist Du eigentlich Bergführer geworden?", fragte Marie ihn neugierig. Xaver begann zu erzählen: „Vor einigen Jahren war ich in einer Kommunikationsagentur tätig, die für Outdoor-Kunden zuständig war. Da habe ich dann den lieben langen Tag Pressemitteilungen über Bergsteigerausrüstungen geschrieben und PR-Artikel über Freeclimbing, Tauchen und so fort. Irgendwann habe ich mir dann aber gesagt, dass das ja nicht alles sein kann, nur über das beste Hobby der Welt zu schreiben. Meine Vision war immer, draußen auf dem Berg zu sein und mit Menschen zu tun zu haben. Da habe ich mich dann als Bergführer selbstständig gemacht." „Wow", sagte Marie. „Und bei dir, Georg? Genauso?" „Um Gottes willen, nein", grinste der. „Ich mag nur ein bisserl Abwechslung haben, das reicht mir. Ich muss nicht Tirols bestverdienender Bergführer werden wie der Xaver!"

Sobald der Geist auf ein Ziel gerichtet ist, kommt ihm vieles entgegen (Johann Wolfgang Goethe).

10.2 Empowerment – Was Menschen befähigt

Empowerment bedeutet, Mitarbeiter zu befähigen, die ihnen gestellten Aufgaben eigenverantwortlich erledigen zu können. Klingt ganz simpel? Ist es eigentlich auch! Damit es aber funktioniert, müssen Sie als Performer einiges beachten.

Damit Ihre Mitarbeiter ihr Potenzial voll nutzen können, kommt es erst einmal darauf an, deren Stärken richtig zum Einsatz zu bringen. Was Sie dafür tun müssen? Sie müssen Ihre Mitarbeiter wirklich kennen! Und ich meine: wirklich kennen. Und um das zu erreichen, müssen Sie sich vor allem für sie interessieren. Am einfachsten gelingt Ihnen das in allgemeinen, persönlichen Gesprächen außerhalb ihres Büros – auf neutralem Boden, bei einer Tasse Kaffee oder Tee.

Jetzt mag mancher Manager sich beschweren, dass das ja alles Zeit und persönlichen Einsatz erfordere. Das stimmt. Aber bedenken Sie: Ein Vielfaches der Zeit, die Sie hier vorab investieren, sparen Sie bei der Umsetzung wieder ein, wenn Sie bestehende Prozesse und Strukturen verändern. Denn darum geht es ja, Prozesse und Strukturen so zu ändern, dass Sie als Performer Zeit für die wirklich wichtigen Dinge haben.

Befähigen Sie Ihre Mitarbeiter, die ihnen gestellten Aufgaben eigenverantwortlich erledigen zu können! Damit Mitarbeiter die ihnen gestellten Aufgaben eigenverantwortlich erledigen können, müssen sie Zugriff auf alle Informationen haben. Nur wenn jedem Mitarbeiter alle Zahlen wie z. B. Umsatz und Marge etc. bekannt sind, können sie mitdenken und helfen, die Performance der Firma zu steigern. Das ist nicht nur ein Vertrauensbeweis, sondern auch ein Schritt zu höherer Sensibilität der Mitarbeiter im Umgang mit internen Ressourcen.

Ein weiterer wichtiger Schritt in Sachen Empowerment ist, feste Verantwortungs- und Aufgabenbereiche zuzuordnen. Klingt banal? Ist aber ein wichtiger Bestandteil! Nur wer genau weiß, was seine Aufgabe ist, kann die Aufgabe richtig bearbeiten. Regelmäßige Kurzmeetings oder gezielte Einzelgespräche können hier helfen. Sind die Aufgaben richtig eingeteilt? So können Sie gewährleisten, dass ein Zahlenmensch sich um die Zahlen kümmert und der Buchstabenmensch um das Schreiben – nicht umgekehrt.

Ein letzter Baustein für starkes Empowerment ist außerdem die Arbeit im Team. Ein Team im Sinne des Empowerments ist eine besondere Gruppe von Mitarbeitern, die für einen ganzen, geschlossenen Arbeitsgang gemeinsam verantwortlich ist, gleichberechtigt zusammenarbeitet und das Ergebnis ihrer Arbeit an den Empfänger liefert.

Das wiederum bedeutet, dass die Mitglieder sowohl in der Lage sein müssen, eigenständige Entscheidungen zu treffen (siehe Informationen!) als auch die Befugnis dafür haben müssen. Das heißt, den Mitarbeitern muss – mit Bedacht – Verantwortung und Entscheidungsfreiheit übertragen werden. Wichtig ist, dass das Team letztlich in der Lage ist, sich alleine zu steuern. Nur wer heutzutage in Teams zu denken oder zu arbeiten fähig ist, wird erfolgreich sein.

Der Vorteil eines funktionierenden Teams für den Performer ist, dass er sich den eigentlichen zukünftigen Führungsaufgaben widmen kann.

Die Tätigkeiten von Managern und Führungskräften ändern sich im Rahmen des Empowerment-Prozesses weg vom Status eines rein fachlichen Ansprechpartners und/oder Entscheiders hin zum Coach, der vor allem auch die Ziele und Werte des Unternehmens vermittelt. Führungskräfte, die diese Aufgaben im Sinne der Mitarbeiter und des Unternehmens erledigen, haben mehr Zeit für ihre eigentlichen Aufgaben – Mitarbeiterförderung und die Ausrichtung des Unternehmens auf die Zukunft.

Empowerment ist ein langfristiger Prozess. Die ersten positiven Veränderungen werden kaum bemerkbar sein. Grade deswegen sollten Sie und Ihre Mitarbeiter die Verbesserungen feiern! Was auch immer geschieht, arbeiten Sie weiter an der Umsetzung dieses Konzeptes und glauben Sie daran. Nichts stiftet mehr Sinn.

Wie Sie wahrscheinlich schon gemerkt haben: Als performende Führungskraft hilft es Ihnen, wenn Sie Menschen grundsätzlich mögen und sich für sie (ihre Mitarbeiter) interessieren. Menschlichkeit ist Nächstenliebe und die setzt Interesse am anderen voraus. Wer sich also für einen Menschen interessiert, der handelt menschlich.

Unsere Bergtour

Xaver und Georg hatten uns die Strecke vom Basislager bis zum Gipfel auf einer ihrer Karten genau gezeigt. So wussten alle, was wir noch zu bewältigen hatten. „Hier an dieser Stelle", sagte Xaver und zeigte auf die Karte, „ist es ein bisschen knifflig. Ist das Wetter gut, ist es kein Problem. Morgen Nachmittag ist allerdings ein kleines Unwetter angekündigt. Das solltet Ihr bei Eurer Zeitplanung berücksichtigen." Erstaunt sahen ihn alle an. „Ist Eure Bergtour, den Zeitplan macht Ihr. Ihr habt ja jetzt alle Informationen. Wenn Ihr Hilfe braucht, bin ich natürlich da." Hatte Georg uns vorher alles organisiert und vorgegeben, wollte Xaver offenbar eher der Berater im Hintergrund sein. Wir diskutierten die Strecke und kamen überein, wann wir aufbrechen und wo wir wie lange pausieren wollten. Xaver nickte schmunzelnd unsere Entscheidung ab: „Es geht wohl ohne mich hier – ich geh zurück zum Basislager . . . " Alle lachten!

Du sollst jede Bergfahrt mit Kopf und Hand sorgfältig vorbereiten, einerlei, ob du allein, mit Freunden oder mit Führern gehst. Ein Unwissender oder Hilfloser am Gängelband einer alpinen Kindsmagd ist in den Bergen eine jämmerliche Gestalt. Dein geistiges Rüstzeug sei ebenso vollkommen wie deine alpine Ausrüstung. Du sollst dir deinen alpinen Magen nicht überladen und nicht nur von Kaviar und Austern leben wollen. Dein bergsteigerisches Ideal soll es sein, auf einem Vorbergsmugel mit der gleichen Freude Bergsonntag feiern zu können, mit der du das nächste Mal die schwerste Felswand angehst (Louis Trenker, 2. Gebot seiner 10 Bergsteigergebote aus den 1930er-Jahren).

10.3 Relationship – Wer kann helfen?

Produkte und Dienstleistungen unter Mitbewerbern werden immer ähnlicher. Der einzige Unterschied, warum Menschen das eine Produkt kaufen, liegt am Faktor Mensch. Und im Umgang mit Menschen sind eine gute Beziehung und eine reibungslose Kommunikation wichtig. Wenn beides nicht so gut funktioniert, vor allem in großen Unternehmen, kann viel Zeit und Geld verloren gehen. In westlichen Kulturen und zwischen Technikern, Ingenieuren und Programmieren wird vorwiegend die linke Gehirnhälfte genutzt. Sie kommunizieren mehr verbal, rational und analytisch. Asiatische Kulturen oder künstlerisch begabte Menschen hingegen sind eher rechtsorientiert, bei ihnen herrscht das ganzheitliche, synthetische, nicht-verbale Denken vor. Innerhalb dieser beiden Gruppen verläuft die Kommunikation unproblematisch, zwischen diesen aber nicht unbedingt. In den Augen der „Linken" lügen die „Rechten" oft das Blaue vom Himmel, während die „Rechten" die „Linken" oft als unhöflich oder langweilig empfinden.

Auch gibt es Unterschiede bei der Geschwindigkeit. Jüngere kommunizieren oft schneller als Ältere. Jeder hält dabei sein Tempo für das optimale und effektivste. Dasselbe gilt für Lautstärke und Wortwahl. Da bietet es sich an, „Dolmetscher" einzusetzen, um Kommunikationsprobleme zu vermeiden.

Hier kommt der Performer ins Spiel! Dieser kann bei der Verständigung zwischen Mitarbeitern und Führungskräften helfen, die ein heikler und kritischer Prozess ist. Findet er einen minimalen gemeinsamen Kontext, kann er das Vertrauen zwischen beiden Gruppen massiv erhöhen. Diesen Prozess muss man als dauerhaften Zyklus verstehen, bei dem sich die Auffassungen beider Seiten graduell annähern und Lösungen permanent verfeinert und konkretisiert werden.

Gutes Beziehungsmanagement umfasst drei Phasen: Aufbauen, Dokumentieren und Beziehung pflegen. Wenn Performer auf Messen oder Kongressen mit Personen in Kontakt treten, ist das wie die Suche nach einem Lebensabschnittsgefährten: Man stellt sich vor, erklärt, was man macht und was einen interessiert und tauscht bei Interesse Kontaktdaten oder Visitenkarten aus. Der erste Eindruck, also die ersten drei Sekunden, ist enorm wichtig. Mit aktivem Interesse und Zuhören können Sie besonders punkten. Und wenn Sie sich Notizen zu ihren Begegnungen machen, dann fällt Ihnen der dritte Schritt wesentlich leichter: die permanente Kontaktpflege.

Beziehungsmanagement und Kommunikation sind für Performer zentrale Führungsaufgaben, die strategisch geplant und umgesetzt werden sollten. Die Kommunikations- und Beziehungsprozesse müssen allen Mitarbeitern zugänglich gemacht werden. Was die Strukturierung von Informationen angeht, so müssen die Führungskräfte entscheiden, was verteilt, lediglich zugänglich gemacht oder gar nicht publiziert wird, um ein Zuviel an Informationen zu vermeiden.

Kommunikation heißt ja: Ein Dialog zwischen Menschen, und zwar in beide Richtungen. Demzufolge muss erfolgversprechende Kommunikation von unten nach oben ebenso durchlässig sein wie horizontal zwischen den Abteilungen und Bereichen. Gerade angesichts von Veränderungen in der Wirtschaft und der Globalisierung wird Kommunikation zum entscheidenden Wettbewerbsfaktor – auch für kleine und mittlere Unternehmen.

Bei der Kommunikation kann es helfen, den Flurfunk zu nutzen – auch, um den Mitarbeitern zu zeigen, dass die Führungskraft einer von ihnen ist. Persönliche und emotionale Ansprache schlägt übrigens immer die schriftliche Kommunikation. Da Kommunikationsprobleme oft Managementprobleme sind, ist es wichtig, die Führungskräfte zu trainieren. Diese müssen lernen, umfangreich und umfassend zu kommunizieren, ohne Informationen zu aufgebläht weiterzugeben. Auch ist es sinnvoll, mit den Mitarbeitern regelmäßig zu kommunizieren und nicht nur bei besonderen Anlässen. Vergessen Sie nicht: Kommunikation ist immer noch Chefsache!

All diese für die Kommunikation relevanten Aspekte sind auch hier wieder ein Beweis, dass Humanismus, dass Menschlichkeit für Performer ein höchst relevanter Rahmen für sein Handeln ist – wenn dieser in der Kommunikation die Bedürfnisse seiner Mitarbeiter wahr- und ernstnimmt, heißt das nichts anderes als ein weiteres Zeichen von Mitgefühl als humanistische, sprich menschliche Manifestation zu zeigen. Kommunikation ist eben doch kein einbahnstraßenartig mechanisch-technisches Sender-Empfänger-Konzept.

Unsere Bergtour

In einem unserer Buddy-Teams gab es Zoff. Die beiden gerieten sich wegen einer Nichtigkeit in die Haare. Xaver kam hinzu, hörte sich den Sachverhalt an und fungierte als Mediator. Er entschärfte die Situation und beruhigte die beiden. Xaver konnte dem einen (eher ein nüchterner Logiker), die „unpräzise" Aussage des anderen übersetzen. „Ich habe überhaupt nicht verstanden, was mein Buddy gemeint hat. Und mich gefragt: Wie soll ich ihn da unterstützen? Das hat mich unter Druck gesetzt. Denn hier am Berg gehe ich noch dazu davon aus, dass wirklich alle Informationen enorm wichtig sind. Da ist mir dann irgendwann die Hutschnur geplatzt – tut mir echt leid".

Die Ersteigung des Gasherbrum II war kein Sieg über den Berg, sondern der Berg war uns gnädig. Wenn man beim Himalaja-Bergsteigen überhaupt von Sieg sprechen darf, dann nur als Sieg der Kameradschaft (Fritz Moravec).

10.4   Flexibilität – Umgang mit Veränderungen

Was bedeutet Flexibilität eigentlich? Das Wort hat in verschiedenen Bereichen unterschiedliche Bedeutungsnuancen. Flexibilität hat erst einmal nichts mit planlosem Handeln zu tun, das Gegenteil ist der Fall. Wenn in unserer Routine sich eine Kleinigkeit ändert, müssen wir – meist ungewollt – flexibel darauf reagieren. Natürlich kann uns niemand zu Flexibilität zwingen, aber wir müssen mit den Konsequenzen von Inflexibilität leben. Ausnahmen gibt es, aber nur in Extremsituationen – etwa, wenn sich eines Ihrer Kinder den Arm gebrochen hat, dann müssen Sie sofort handeln und sich um Ihr Kind kümmern.

Ein gutes Stichwort: Um im beruflichen Umfeld Erfolg zu haben, benötigen Sie einerseits eine Roadmap, die Ihnen aufzeigt, wie Sie Ihre Ziele erreichen können. Andererseits muss diese so flexibel gestaltet sein, dass Sie jederzeit auf plötzliche Veränderungen reagieren können.

Je häufiger jemand flexibel auf die Anfragen Dritter reagiert, umso öfter kommen andere auf diesen Menschen zu. Das ist ja nur menschlich. Sie würden sicherlich auch lieber jemanden um etwas bitten, bei dem Sie mit einer positiven Antwort rechnen, oder? Natürlich muss dieser jemand auch fachlich in der Lage sein, die gewünschte Aufgabe zu übernehmen. Anderes Beispiel: Ein Mitarbeiter, der sein Kind vor der Arbeit noch zum Kindergarten bringen muss, der kann zeitlich nicht so flexibel reagieren, selbst wenn er das möchte. Bei Flexibilität geht es also auch um mögliche Alternativen und Kompromisse. Wichtig ist – bei aller Flexibilität – dass man sich nicht ausgenutzt oder fremdgesteuert fühlt. Genau das ist aber leider bei Führungskräften im mittleren Management oft der Fall. Es ist wichtig, die eigenen Ziele nicht aus den Augen zu verlieren. Denn das macht unzufrieden und durch Unzufriedenheit wird jedwede Menschlichkeit im Keim erstickt.

In der Wirtschaft denkt man bei dem Stichwort oft an flexible Arbeitszeiten, Lagerbestände oder Produktionsauslastungen. Auf der einen Seite benötigen Unternehmen eine gewisse Stabilität, um Qualität auf Dauer aufrechterhalten zu können. Auf der anderen Seite muss es sich aber auch kurzfristig an neue Marktgegebenheiten anpassen können. Hier gilt es, die optimale Balance zu finden. Besonders bei zunehmender Unternehmensgröße sinkt die unternehmerische Flexibilität zu Gunsten administrativer Aufgaben und Prozesse. Viele Firmen versuchen, dem u. a. durch einen kontinuierlichen Aufgabenwechsel entgegenzuwirken.

Unternehmerische Flexibilität beginnt schon bei der strategischen Unternehmensplanung. So gilt es nicht nur, die lang-, mittel- und kurzfristigen Möglichkeiten zu definieren, sondern auch mehrere Möglichkeiten zu ermitteln, wie diese erreicht werden können.

Im Umgang mit Menschen ist besonders viel Flexibilität erforderlich. Denn wir sind so unterschiedlich, warum sollten wir uns alle auf die gleiche Weise motivieren lassen? An dieser Stelle ist Flexibilität von den Vorgesetzten gefragt: Mitarbeiter sehnen sich nach fester Struktur. Eine Vergrößerung der Handlungsbereitschaft erreichen Sie als Vorgesetzter in erster Linie durch Vertrauen, welche die Basis der Unternehmenskultur sein muss. Vertrauen? Ein weiterer Aspekt von Menschlichkeit 5.0! Wer sich die Mühe macht, flexibel auf verschiedene Menschen zu reagieren, der handelt zutiefst menschlich. Ein Auto ist ein Auto ist ein Auto – aber: jeder Jeck ist anders!

In Bezug auf die Arbeitszeiten gab es in der Vergangenheit zahlreiche Versuche, die aber meist nicht optimal umgesetzt werden konnten.

Daneben ist auch die finanzielle Flexibilität ein sehr wichtiger Aspekt. Betriebliche Veränderungen sind oftmals mit finanziellen Investitionen verbunden, die von verfügbarem Geldkapital abhängen.

Nun sind nicht alle Menschen von Natur aus flexibel, introvertierte Menschen etwa. Doch Flexibilität lässt sich lernen. Auf jeden Fall hilft eine positive Grundeinstellung, kurzfristig auf neue Situationen zu reagieren. Auch ein großer Wissen- und Erfahrungsschatz hilft dabei. Persönliche Kontakte sind ebenfalls wichtig – manchmal benötigt man einfach die Hilfe anderer. Hierbei sollte man aber bedenken, ob die Bitte verhältnismäßig ist, und ob man die Person in letzter Zeit vielleicht sowieso häufiger um etwas gebeten hat. Wenn Sie nicht gerne um Hilfe bitten, überlegen Sie sich einfach vorher, was Sie als Gegenleistung anbieten können. Wer zeitlichen Freiraum hat, kann auch flexibler reagieren: Verplanen Sie maximal 60 % Ihrer täglichen Zeit. Und, wir hatten es schon erwähnt – erarbeiten Sie Alternativen: Je größer und komplexer Ihr Vorhaben, desto eher sollten Sie mögliche Alternativpläne erarbeiten. Wenn Sie etwas nicht ändern können, verschwenden Sie aber keine Energie, Nerven oder Zeit, sich darüber aufzuregen.

Unsere Bergtour

Als wir die Stelle erreicht hatten, an der wir Pause machen wollten, wurden wir von einem Steinschlag überrascht. Nach einer kurzen Besprechung stimmten alle zu, aus Sicherheitsgründen lieber flott weiter zu gehen und hier nicht zu pausieren. Einige aus der Gruppe waren darüber nicht sehr glücklich. Doch Georg sorgte sogleich für Aufmunterung: „Dafür haben wir dann mehr Zeit auf dem Gipfel, können den Ausblick genießen und Fotos schießen, bevor wir den Abstieg angehen!" Zum Glück waren alle noch relativ fit.

Um die Berge herumgehen ist genauso wichtig, wie auf deren Gipfel zu steigen (Heinrich Harrer).

Gott, gib mir die Gelassenheit, Dinge hinzunehmen, die ich nicht ändern kann, den Mut, Dinge zu ändern, die ich ändern kann, und die Weisheit, das eine vom anderen zu unterscheiden (Reinhold Niebuhr).

10.5   Optimismus und Motivation – Jetzt erst recht!

Optimisten leben länger, sind besser gelaunt und physisch gesünder. Außerdem haben sie ein höheres Durchhaltevermögen. Sowohl Optimismus als auch Pessimismus sind Geisteshaltungen. Während Optimisten „Ich kann!"-Denker sind und mehr die Chancen sehen, fokussieren sich Pessimisten eher auf die Risiken und sind „Ich kann nicht!"-

Denker. Dadurch nehmen beide Parteien ein und dieselbe Situation unterschiedlich wahr und ziehen verschiedene Handlungsalternativen in Erwägung. Für beide gilt das Stichwort der „selbsterfüllenden Prophezeiung" – Pessimisten werden durch ihre schlechten Erfahrungen genauso in ihrem Pessimismus bestätigt wie Optimisten aufgrund ihrer Erfolgserlebnisse in ihrer Zuversicht.

Ein weiterer Grund ist, dass Optimisten mehr Dinge angehen und die Summe ihrer Erfolge größer ist als die ihrer Misserfolge. Wer einen Performer um sich hat, der sein Umfeld ermutigt, neue Dinge auszuprobieren und Fehler zu machen, wird dieser sich zu einem Optimisten entwickeln. Neue Herausforderungen werden nicht abgelehnt, sondern angenommen. Nur wer bis an seine Grenzen geht, weiß, wozu er fähig ist.

Optimismus hat auch Auswirkungen auf die Gesundheit. Dadurch, dass sie positiv in die Zukunft sehen, bilden Optimisten weniger Stresshormone als Pessimisten. Somit sinkt die Gefahr von Burn-out, Herz-Kreislauf-Erkrankungen und führen zu einem aktiveren Lymphsystem. Frei nach dem Motto „Jetzt erst recht" sehen Optimisten Misserfolge und Niederlagen als etwas Kurzfristiges und Vorübergehendes und verwandeln vermeintliche Niederlagen oftmals doch noch in einen Sieg. Auch funktionieren ihre Sinnesorgane besser: Sie haben höhere Merkfähigkeit, sind kreativer und hören und sehen besser. Da seelisches und körperliches Wohlbefinden eng verknüpft sind, fühlen sich Optimisten auch einfach wohler in ihrer Haut.

Kein Wunder, dass gute Führungskräfte oft Optimisten sind. Sie führen ihre Mitarbeiter mit einer Mischung aus Optimismus, Realismus und Authentizität. Statt auf Probleme fokussieren sie sich auf Lösungen. Generell kann man sagen, dass der Erfolg eines Unternehmens von der optimistischen Grundhaltung des Managements abhängig ist. Und ist das nicht auch ein Aspekt von Menschlichkeit, sich auf „gute" Ziele zu fokussieren? Absolut. Zwar kennt man aus Tierfilmen die innerhalb einer Tierherde ansteckende Energie, die zu einer Stampede führt – ähnlich, wie Optimismus innerhalb einer Gruppe von Menschen zu Erfolg führt – aber eine Maschine würde bei ungewisser Zukunftsaussicht nicht auf Erfolg wetten, sie wäre schlicht nicht in der Lage, dazu etwas auszusagen. Sie arbeitet allein innerhalb der Rahmenbedingungen technischer Machbarkeit, die eine Kategorie der Gegenwart ist.

Bei einer unternehmerischen Doppelspitze hat sich übrigens die Kombination aus einer eher optimistischen und einer eher realistischen, ja sogar leicht pessimistischen Führungskraft bewährt, damit nicht zu hohe Risiken in Kauf genommen werden, um unternehmerische Ziele zu erreichen, weil beide Führungskräfte optimistisch sind. Denn zu viel Optimismus kann sowohl für Unternehmen als auch Privatpersonen schädlich sein. Dies verleitet Menschen oft dazu, mehrere Dinge gleichzeitig zu erledigen, aber mit keinem so richtig fertig zu werden.

Unsere Bergtour

Bernhard blickte auf und schaute misstrauisch auf die sich auftürmenden Wolken. „Da kommt ein Unwetter! So ein Mist, so kommen wir garantiert nie bis auf den Gipfel. Wir haben ja gerade erst mal die Hälfte der Strecke vom Basislager geschafft." Hans-

Walter, ein typisch fröhlicher Rheinländer, rollte mit seinen Augen und sagte: „Ach, papperlapapp. Das sind doch nur Wolken, die ziehen vorbei. Wir sind ruckzuck oben. Wie du schon sagst, wir haben ja schon die Hälfte!" Xaver hatte den Dialog mit angehört: „In einem hat Bernhard recht. Diese Wolken könnten uns mächtig aufhalten. Machen wir uns deswegen Sorgen, Georg?" Der grinste: „Nee. Wir haben Wind von Südost, die ziehen sauber an uns vorbei. Das haben wir gestern noch gecheckt, als ihr in den Schlafsäcken schon Birkenwäldchen zersägt habt!"

Wer sich für Spaß und Motivation von Menschen interessiert, handelt zutiefst human. Bei Maschinen ist Spaß und Motivation irrelevant. Solange Strom da ist, wird eine Maschine ihre eingebaute Funktion aufrechterhalten, bis sie auseinanderfällt. Was aber ist nun Motivation und welche Bedeutung hat sie für unsere Gesellschaft?

Keine leichten Fragen. Die zentralen Fragen der Motivationsforscher sind auf jeden Fall, was jemanden dazu bringt, etwas zu tun und was die Triebfeder seines Handelns ist. Motivation ist keine Eigenschaft an sich. Jeder Mensch wird durch andere Dinge angetrieben, motiviert. Für Motivation spielen vier Faktoren eine große Rolle: Selbstwirksamkeit (die Überzeugung, das Leben nach seinen eigenen Wertvorstellungen leben zu können), Zeitperspektive (je nach Lebenssituation verfolgen wir unterschiedliche Ziele mit unterschiedlicher Intensität), Emotionen (die bei jedem Menschen unterschiedlich ausgeprägt sind und wesentlichen Einfluss auf Entscheidungsfindungen haben) sowie Antriebsstärke (die von Anspannung oder Entspannung abhängig ist und somit stärker oder schwächer sein kann).

Die Begriffe Motivation und Motivierung haben verschiedene Bedeutungen. Unter Motivation versteht man Motive, die eine Person zum Handeln bewegen. Somit kommt die eigentliche Motivation von innen heraus, sozusagen vom Wesenskern her. Man spricht daher von Selbstmotivation oder intrinsischer Motivation. Mit Motivierung hingegen versucht man jemanden das machen zu lassen, was der Motivator erwartet. Hierbei handelt es sich um fremdgesteuertes Verhalten, als extrinsischer Motivation.

Dazu kommt noch der Unterschied zwischen allgemeiner und spezifischer Motivation. Ersteres ist der Antrieb, den jeder von uns hat, der innere Wunsch etwas zu gestalten, zu bewirken oder zu erreichen. Die spezifische Motivation bezieht sich auf ein ganz bestimmtes Ziel oder eine bestimmte Situation.

Motivation kann sich dabei auf verschiedene Bereiche des Lebens beziehen. Manche legen den Schwerpunkt auf Beruf und Finanzen, um in der Karriereleiter aufzusteigen oder viel Geld zu verdienen, andere interessiert mehr Gesundheit und Fitness, Familie und Freunde oder sonstige soziale Kontakte oder fokussieren Sinn und Kultur.

Motivation ist natürlich auch aus Führungssicht wichtig, kann sie doch Mitarbeiter positiv wie negativ beeinflussen. Menschen werden durch das Vorhandeneins eines Wunsches nur bedingt motiviert. Vielmehr kommt es darauf an, was diese sich von der Erfüllung des Wunsches erhoffen. Die entscheidende Frage ist: „Was bewegt Sie *wirklich*?"

Dabei ist Selbstmanagement ein wichtiger Dreh- und Angelpunkt für Motivation. Wenn jemand mehrere Ziele parallel verfolgt, besteht nicht nur die Gefahr, sich zu verzetteln, sondern auch, dass sich die Mehrbelastung negativ auf die Motivation auswirkt. Besser ist es, sich auf ein Ziel zu fokussieren. Bei großen und langfristigen Zielen sollte man dies in mehrere Teilziele unterteilen. Ist ein Teilziel erreicht, sollte man sich sofort zur Tagesordnung übergehen, sondern sich mit einer Kleinigkeit belohnen. Je mehr motivierende Erfolge man auf dem Weg zum Ziel hat, desto länger und stärker kann man sich motivieren. Außerdem hat Fokussierung den Vorteil, dass man die Qualität erreicht, die erforderlich ist.

Wenn es bei der Motivation nicht weitergeht, liegen oft emotionale Blockaden oder Widerstände vor. Erstere entstehen durch große Anzahl an Wiederholungen eines Gedankens oder durch starke emotionale Intensität, wenn etwa Eltern oder Lehrer zu einem sagen, man sei noch zu klein für etwas. Liegt so etwas bei einem Mitarbeiter vor, überlegen Sie, was die Ursache für diese oder jene Reaktion sein könnte. Genauso können Sie sich selbst beobachten, und herausfinden, warum Sie so und nicht anders handeln.

Emotionale Blockaden sind Programme, die unbewusst ablaufen und somit nicht sofort erkennbar sind. Gelöst werden diese oftmals alleine dadurch, dass Sie sich diese Situation und dessen Ursache bewusstmachen. Fragen Sie sich, ob ihre gewohnte Reaktion auf eine bestimmte Situation aus ihrer heutigen Sicht angemessen war. Wenn nicht, legen Sie für sich selbst fest, wie Sie in Zukunft auf solche Reaktionen reagieren wollen.

Innere Widerstände entstehen, wenn Sie sich selbst im Wege stehen. Während der eine Teil von uns großen Erfolg haben will, sehnt sich der andere Teil in uns nach Ruhe und Entspannung und will keine Veränderung. Doch Sie werden Ihr Ziel nur erreichen, wenn Sie Dinge anders machen, als Sie es gewohnt sind und Sie Ihre persönliche Komfortzone verlassen. Einigen Sie sich mit Ihrem inneren Schweinehund und vereinbaren Sie, womit Sie sich belohnen werden, wenn Sie ein Wochenziel zu 100 % erreicht haben.

Die Angst vor Misserfolgen ist ebenfalls ein großer Demotivator. Aufgrund dieser Angst bauen wir erst gar keine spezifische Motivation auf. Wenn wir etwas nicht versuchen, sind wir gescheitert, bevor wir überhaupt damit angefangen haben. Um diese Angst zu überwinden, sollte man mit kleinen Schritten anfangen. Außerdem gilt, dass nur Sie alleine bewerten, ob ein Ergebnis ein Erfolg oder Misserfolg ist. Es geht nicht darum, alles schönzureden. Vielmehr ist es gut, unerwünschte Ergebnisse als Lernerfolg anzusehen. Denn dann wissen Sie, welches Handeln nicht zum gewünschten Ergebnis geführt hat. Nicht zuletzt hat niemand Fahrradfahren gelernt, ohne hinzufallen. Sagen Sie zu sich selbst, dass Sie Ihr Ziel erreichen werden und fangen Sie an. Wenn etwas nicht so läuft wie geplant, schmeißen Sie für heute alles hin und fangen Sie morgen noch mal von vorne an.

Auf den ersten Blick scheint zwischen Selbstdisziplin und Motivation kein Zusammenhang zu bestehen. Wenn man etwas darüber nachdenkt, wird man aber feststellen, dass man die sich selbst gesteckten Ziele nur durch Selbstdisziplin erreicht. Es ist der Grundbaustein für Ihren Erfolg. Nichts ist demotivierender als laufende Nichterreichung persönlicher Ziele. Je disziplinierter Sie ein Vorhaben angehen, desto schneller und leichter werden Sie es erreichen, was letztendlich Ihre Motivation und Ihr Selbstvertrauen stärkt.

Blicken wir auch noch einmal auf Fremdmotivation. Wir alle kennen die typischen Ansätze, jemanden zu motivieren, sei es durch Belohnung oder Bestrafung. Der Mensch unternimmt so manches, was er ohne Belohnung nicht täte. Das ist ja auch nicht weit hergeholt – wir denken und handeln von Grund auf eigennützig und reagieren auf ökonomische Anreize. Das Problem dabei ist nur die Gefahr stetiger Unzufriedenheit. Hat man erst die nächste Gehaltsstufe, das größere Haus, schaut man sich schon nach etwas Neuem um. Und schon geht es wieder los ... Im schlimmsten Falle bis hin zum Burnout. Hier sollte sich jeder die Frage stellen, wie und wo er äußerliche Einflüsse zulässt.

Oft zeigen Studien, dass nur 12 % aller Arbeitnehmer sich für das Unternehmen mit Leib und Seele einsetzen. Kein Wunder also, dass die Fähigkeit, Mitarbeiter zu motivieren, ein zentraler Bestandteil der Manageraufgabe ist. Sie können Ihre Mitarbeiter durch immer ausgefallenere Bonus-, Belohnungssysteme oder Events motivieren – oder Sie beseitigen die Faktoren innerhalb eines Unternehmens, die sie demotivieren. Denn die erste Methode motiviert wie gesagt nicht auf Dauer. Dauerhafte Motivation ist nicht käuflich. Diese kann nur von innen herauskommen. Und Sie dürfen nicht vergessen, jeder Mitarbeiter ist einzigartig und reagiert somit auf verschiedene Anreize – benötigt der eine Mitarbeiter mehr Geld, schätzt der andere vielleicht lieber mehr Eigenverantwortung in seinem Bereich.

Sie müssen also herausfinden, was Ihre Mitarbeiter eigentlich motiviert. Und das bekommen Sie nur heraus, wenn Sie sich mit ihnen unterhalten – und zwar nicht nur fachlich, sondern auch privat. Und warum Sie? Weil keine andere Person in einem Unternehmen einen so großen Einfluss auf die Motivation eines Mitarbeiters hat wie der direkte Vorgesetzte. Mitarbeiter, die motiviert sein sollen, benötigen eine motivierende Arbeitsumgebung und einen offenen, vorbehaltsfreien Vorgesetzten.

Auch die Gründe für Demotivation können Sie herausfinden, indem Sie Ihre Mitarbeiter befragen. Überlegen Sie gemeinsam mit ihnen, ob Sie innerhalb der Firma etwas ändern können. Und sei es mehr Farbe oder Bilder im Büro – egal was, packen Sie gemeinsam mit Ihren Mitarbeitern gemeinsam an und verändern Sie etwas. Machen Sie Ihre Leute von reinen Befehlsempfängern zu aktiv engagierten, offenen, flexiblen und motivierten Mitarbeitern.

Wenn etwas nicht zu ändern ist, zum Beispiel aufgrund gesetzlicher Richtlinien, machen Sie Ihre Mitarbeiter darauf aufmerksam und konzentrieren Sie sich auf das, was Sie verändern können. Denn Führung bedeutet auch, es nicht jedem recht zu machen. Seien Sie offen und direkt zu Ihren Mitarbeitern. Treffen Sie Entscheidungen und stehen Sie dazu.

Wahrscheinlich wollen Sie mit Ihrem Unternehmen Gewinne erwirtschaften, nicht? Niemand aber schreibt Ihnen vor, dass sie alle dabei keinen Spaß haben dürfen.

Unsere Bergtour

An einem Morgen weckte uns Xaver um kurz vor halb sechs: „Leut's – schaut amal, mir ham an Wahnsinnssonnenaufgang!" Müde krochen wir aus unseren Zelten und bibberten ein wenig in der kalten Bergluft. Aber Xaver hatte recht – das sah man nicht alle Tage! Wie die Sonne über den Horizont zu uns her blinzelte und die dramatischen Wolken rosa-orange einfärbte, dass stach sogar alle kitschigen Sonnenuntergänge in Werbung und Schmonzetten aus. Georg zauberte in perfektem Timing frisch gebrühten Kaffee her. „He, wolltet Ihr uns nur früh aus dem Bett bekommen, was?", rief Marie. „Und, hat's funktioniert?", grinste Georg und reichte ihr eine Tasse. Alle lachten. „Ich hatte mal einen gut betuchten Kunden, der ziemlich viel nach seiner Fasson gemacht haben wollte", erzählte Xaver. „Dem hab ich dann viel durchgehen lassen, ausschlafen lassen und so. Mit dem Ergebnis, dass wir nicht in der passenden Zeit zum Gipfel gekommen sind und kurz vorher umdrehen mussten. Da war der natürlich auch überhaupt nicht zufrieden."

Mut besteht nicht darin, dass man die Gefahr blind übersieht, sondern darin, dass man sie sehend überwindet (Jean Paul).

10.6   Respect – Das Umfeld wertschätzen

Was bedeutet Respekt? Das Wort kommt aus dem Lateinischen und bedeutet Zurückblicken, Rücksicht. Respektieren bedeutet: Achten und Anerkennen.

Respekt vor sich selbst heißt nicht, sich toll vorzukommen, sondern sich zu achten. Unabhängig von jeglicher Leistung – was unüblich ist in der heutigen Gesellschaft, in der vor allem Erfolge zählen. Der Respekt vor der eigenen Person setzt voraus, dass sich diese Person mit allen Stärken und Schwächen kennt. Und die meisten Führungskräfte oder Projektleiter lernen sich und ihre Fähigkeiten im Laufe ihrer Karriere recht gut kennen.

Der Umgang mit den eigenen Stärken fällt leicht, da sich hier häufig Erfolge einstellen. Der Umgang mit den Schwächen aber ist etwas diffiziler. Als Führungskräfte haben wir gelernt, Aufgaben, die nicht in unserem Stärkenbereich liegen, an Experten zu delegieren. Eine weise und praktische Handhabe, denn jeder Mensch hat spezifische Stärken und Schwächen. Die Herausforderung liegt darin, diese zu erkennen und zu nutzen.

Doch nicht alles lässt sich delegieren. Unweigerlich wird also auch die eine oder andere Führungskraft in Situationen kommen, wo ihr Verhalten nicht funktioniert. Wo sie das Geforderte, Erwartete nicht machen, leisten und erreichen kann, der Erfolg ausbleibt und somit auch die Anerkennung dafür.

Ein wirksamer Performer schaut aber nach vorne und zweifelt nicht ewig an seinen Fähigkeiten, weil er weiß, dass auch er nur ein Mensch ist. Es bringt niemandem etwas, ewig beim Problem zu verharren, sich zu verkrampfen und seinen Selbstwert in Frage zu stellen. Auch Flucht oder Vermeidung angsteinflößender Situationen würde nur bewirken, dass die Geister erhalten bleiben.

Ihm ist es wichtig, seine Grenzen zu kennen, Neues zu lernen und sich weiterzuentwickeln. Dies unterscheidet uns – wie gesagt – von Tieren, die immer Tiere bleiben. Und von Maschinen, die nur etwas Neues können, sobald sie gegen das Nachfolgemodell ausgetauscht werden oder die Software aktualisiert wird.

Für die persönliche Weiterentwicklung ist der richtige Umgang mit Niederlagen sehr wertvoll, zeigen sie uns doch, wo unsere Grenzen liegen. Somit sind wir angespornt, es noch einmal zu versuchen oder neue Wege zu finden, die besser zu uns passen. Scheitert also ein Performer, hält dieser inne, überprüft die Fakten, führt eine Revision durch und stellt fest, was das nächste Mal anders gemacht werden muss. Es macht also nichts, einen Fehler zu machen, ungünstig ist es nur, ihn immer wieder zu machen und nichts daraus zu lernen.

Ein respektabler Umgang schließt bei performenden Führungskräften ein, dass man die Mitarbeiter miteinbezieht und zu Partnern in Unternehmensangelegenheiten macht, einen Geist der Zusammenarbeit über alle Abteilungen hinaus entwickelt und ein sicheres und gesundes Arbeitsumfeld schafft. Respekt wird von oben nach unten gelebt! Die Autorität der Führungskraft wird durch einen respektvollen Umgang gegenüber Mitarbeitern gestärkt.

Mehrere Aspekte sind dabei relevant: Wichtig bei der Kommunikation zwischen Personen ist ein positives Grundverständnis. Nimmt man Aussagen positiv auf, quasi auf der „Objektebene", nicht der „Beziehungsebene", kann man über den Kern der Aussage sprechen. Das Gegenüber erfährt Achtung gegenüber seiner Aussage und so die Möglichkeit, zu kooperieren.

Auch ein Lob für ein auch nicht hervorragendes Ergebnis motiviert Mitarbeiter, sich auch in Zukunft anzustrengen und gute Ergebnisse zu erzielen. Der empfangene Respekt wird in der Regel mit Kooperation und einer wohlwollenden Anerkennung der Autorität beantwortet.

Zuhören bei Gesprächen heißt, das Gesprochene mit den eigenen Bildern und Erfahrungen in einen Kontext zu setzen, um es zu verstehen und zu bewerten. Dieser Prozess ist nicht beendet, bloß weil der Sprechende aufgehört hat, zu sprechen. Dies dauert einen kleinen Augenblick und es entsteht eine kleine Pause, die man nicht dazu nutzen sollte, ins Wort zu fallen.

Weitere Regeln wie Pünktlichkeit, Sachlichkeit, Vermeidung von Killerphrasen und konstruktive Kritik runden einen respektablen Umgang ab.

Unsere Bergtour

So, wie Xaver und Georg die Entwicklung des Wetters erwartet hatten, kam es nicht ganz. Die Wolken türmten sich mehr und mehr auf, anstatt nach Nordwesten abzuziehen. Immer dunkler und bedrohlicher wurde der Himmel. Stirnrunzelnd blickte Xaver gen Himmel. Wir machten ein Teammeeting. Xaver hielt eine Ansprache: „Das Wetter entwickelt sich nicht ganz so wie erwartet …" „Und was machen wir jetzt? So ein Desaster so kurz vor dem Gipfel …", nörgelte Bernhard und warf ärgerlich sein altes Papiertaschentuch in den Schnee. „Das finde ich gut, dass du Emotionen zeigst

und dir Gedanken machst, wie wir unser Ziel jetzt noch erreichen können, Bernhard!",
entgegnete Georg. „Auch wir Bergführer können Touren nicht immer reibungslos planen. Manchmal spielt das Wetter eben nicht wie geplant mit. Wir müssen jetzt einfach
das Beste daraus machen." Xaver mischte sich ebenfalls ein und schlug vor, unter dem
nächsten Überhang eine kleine Pause einzulegen: „Und dann gebe ich eine Runde Müs-
liriegel aus!" Alle inklusive Bernhard murmelten zustimmend. „Und kannst Du dein
Papiertaschentuch aufheben, Bernhard? Wir wollen die Berge doch sauber hinterlassen", sagte Xaver freundlich. Bernhard bückte sich schnell: „Natürlich", murmelte er
verlegen.

Ein Gipfel gehört dir erst, wenn du wieder unten bist – denn vorher gehörst du ihm (Hans
Kammerlander).

10.7   Magnetismus – Mit Begeisterung Menschen bewegen

Was bringt andere Menschen dazu, jemandem zu folgen? Seine Ziele, seine Vision zu seinen eigenen zu machen? Hat eine Führungspersönlichkeit einen starken Optimismus und
hohe Energie und eine große Begeisterung für die eigene Sache, führt seine Mitarbeiter mit
Respekt und bringt sie dank Empowerment dazu, selbst erfolgreiche Persönlichkeiten zu
werden, strahlt diese eine gewisse Anziehungskraft aus, sodass man seine Persönlichkeit
als etwas Besonderes und Attraktives wahrnimmt. Ein derartiges Charisma auszustrahlen
fasziniert die Leute und bringt sie dazu, sich für diese Person zu interessieren.

Dies versetzt eine derartige Führungspersönlichkeit in eine einzigartige Lage – diese
muss sich nicht mehr „verkaufen", sondern wird gekauft, weil sie Magnetismus ausstrahlt.
Magnetismus hat etwas damit zu tun, eine Persönlichkeit zu entwickeln, um eine Marke
zu werden, eine Eigenmarke, die Eigenmarke „ich".

Wer im Bereich der Führung eine derartige Kraft ist, zieht Menschen an und kann sich
die Mitarbeiter als Kollegen aussuchen, die er will. Und die Leute arbeiten dann gerne für
ihn – eine optimale Voraussetzung, um seine gesetzten Ziele zu erreichen.

Doch nicht alle sind von Natur aus so. Man kann das aber lernen. Schließlich kann man
seine Persönlichkeit ins Positive und ins Negative entwickeln. Bei einer negativen Persönlichkeit werden die Mitarbeiter das Unternehmen verlassen, während bei einer positiven
Persönlichkeit die Menschen bleiben und einen unterstützen werden.

Magnetismus besteht aus menschlichen Eigenschaften wie Herzlichkeit, Verständnis,
Kommunikationsfähigkeit und die Fähigkeit, anderen Menschen Ziele zu geben und sie
zu begeistern, sodass diese zu einem aufschauen. Im Umgang mit Maschinen wären solche Eigenschaften völlig irrelevant. Stellen wir einmal die simple Frage: Wann ist eine
Führungskraft erfolgreich? Die simple und überraschende Antwort ist: Wenn alle Mitarbeiter dieser Führungskraft erfolgreich sind. Arbeiten Sie nie für Ihren Erfolg, sondern
für den Erfolg Ihrer Mitarbeiter. Wenn alle Ihre Mitarbeiter erfolgreich sind, sind Sie als
Führungskraft automatisch erfolgreich.

Mitarbeiter, die merken, dass sie für einen Egomanen arbeiten, der sich nur für den eigenen Erfolg interessiert, werden nicht einen derartigen Magnetismus zu dieser Führungskraft entwickeln. Genau deswegen ist im Thema der Relationship, also der Teamfähigkeit und des Beziehungsnetzwerkes, das Vertrauen zueinander so wichtig.

Im besten Fall vertraut man der Führungsperson, dem Bergführer ein Stück weit blind. Das muss sich dieser aber auch erst mal verdienen.

Genauso ist es mit dem Berg K2. Warum wollen Menschen die Strapazen der Bergbesteigung auf sich nehmen? Weil sie ganz bewusst sagen, dass dies ihnen etwas bringt. Etwa das Gefühl, es überhaupt geschafft zu haben, die Natur bezwungen zu haben, sogar mit anderen Bergsteigergrößen gleichgezogen zu haben. Für viele ist es eine Motivation nach der Art: Wenn ich das geschafft habe, dann schaffe ich alles andere auch.

Unsere Bergtour

Ich stapfte hinter Xaver her, der voranging mit stetem Schritt geht. Der Schnee wurde immer tiefer. Gleichmäßig setzte Xaver einen Fuß vor den anderen. Jeden Schritt schien er mit Absicht zu setzen, nie gleichgültig nebenbei. Auf einmal hob er die Hand. Wir blieben alle stehen ... Hatte er etwas gesehen oder gehört? Minutenlang blieben wir stehen. Ich schaute auf seinen Rücken – Xaver bewegte sich nicht, hielt immer noch die Hand hoch. Sicher und aufgehoben fühlte ich mich, sodass mir der Grund für den Halt fast gleichgültig vorkam. Auf einmal rutschte über den Weg vor uns ein Schneebrett den Berghang hinunter, links an uns vorbei. „Wenn wir jetzt da gestanden hätten ...", raunzte Bernhard. Erstaunt blickte ich auf Xaver, als der das Zeichen fürs Weitergehen gab.

Nur die Verbindung von technischer Reife und physischer Bereitschaft verschafft dem Bergsteigen den Genuss und die Befriedigung, die es zu einer der schönsten und dankbarsten Nebensachen des Lebens werden lässt (Walter Schmid).

10.8 Energy – Physische und mentale Stärke trainieren

Manchmal können wir Bäume ausreißen! Und dann wiederum sind wir leergepumpt und schaffen nicht mal einen Grashalm. Oder fühlen und zumindest so ... Doch woher kommt das? Was sind die Energiequellen, was die Energieräuber, die man kennen muss? Bei dem Menschen ist es nicht so einfach wie bei Robotern, die funktionieren, solange Strom mit genügend Watt, Volt und Ampere vorhanden ist.

Einer der Energieräuber ist Stress. Doch was ist das überhaupt? Meist gebrauchen wir dieses Wort nicht ganz korrekt. „Stress" kommt eigentlich aus der metallverarbeitenden Industrie, ist wertneutral und bedeutet nichts anderes, als Material zu härten. Performer wissen, dass gesunder Stress die Arbeit beflügelt und man diesen sogar für Höchstleistungen braucht.

Dabei ist Stressregulierung das Zauberwort. Wenn ich Stress regeln kann wie einen Radiosender, dann habe ich sogar Spaß an Stress. Einige Schweizer Firmen haben das bereits erkannt und stellen seit 2004 Stressregulierer in Firmen an. Das Hauptproblem bei Pausen ist das richtige Timing. Unser Körper zwingt uns anatomisch alle 90 min zu einer Pause. Wenn man trinken und essen soll, bevor man durstig und hungrig ist, warum sollte man dann nicht auch eine Pause machen, bevor man müde ist? Performer tun das. So vermeiden sie Krankheiten und Befindlichkeitsstörungen und seelische Folgen, die die innere Balance stören. Auch die Gefahr von Abhängigkeiten ist geringer.

Was ebenfalls Stress erzeugt sind anhaltende und zwischenmenschliche Probleme. Besonders im Umgang mit Menschen sollten Sie in Zukunft mehr auf die Auswahl Ihrer Geschäftspartner achten, soweit möglich. Umgeben Sie sich mit Menschen, die Ihnen gut tun und Sie positiv beeinflussen. In deren Gesellschaft gewinnen wir oft Energie, aus welchen Gründen auch immer. Mit anhaltenden Problemen ist es wie mit nicht getroffenen Entscheidungen – je länger wir warten, desto mehr belasten sie uns. Lösen Sie einfach das kleinste anhaltende Problem zuerst. Mit der dadurch gewonnenen Energie gewinnen sie Energie für die Lösung der noch offenen Probleme.

Und was sind die Energielieferanten? Einmal hilft eine positive Grundeinstellung. Dies heißt jetzt nicht, dass man alles durch eine rosarote Brille sieht. Das Leben besteht nun mal auch aus schlechten Nachrichten, Zeiten und Situationen. Die Kunst ist, nach einer Zeit des Fluchens wieder positiv zu denken und aus der Situation zu lernen, um in Zukunft dementsprechend zu handeln. Wer sich so verhält, wird vielleicht einmal so wie einer dieser Menschen, die einen mit ihrer positiven Art und Energie begeistern und zu denen man sich hingezogen fühlt.

Ein weiteres Thema ist die Ernährung. Laut aktuellen Studien ist durch gesunde Ernährung eine Leistungssteigerung von bis zu 15 % möglich. Wer mit einem wertvollen Frühstück aus Müsli, Vollkornprodukten und ballaststoffreichen Lebensmitteln startet, lädt seinen Energiespeicher für den Tag auf. Zusatzpräparate wie Pillen und Pulver sind dabei gar nicht nötig. Des Weiteren sollten sie auf Süßigkeiten verzichten. Die Anzahl der täglich empfohlenen Mahlzeiten ist stark von der jeweiligen Person abhängig. Bei Übergewichtigen sollten zwischen den Mahlzeiten fünf bis sechs Stunden liegen. Wer in kürzeren Abständen immer wieder etwas isst, bleibt zwar konstant leistungsfähig, nimmt aber womöglich zu viel Energie zu sich. Probieren Sie aus, wie viele Mahlzeiten sie in der Regel brauchen. Geschäftsessen legen Sie am besten in die Mittagszeit und wählen einen Salat und verzichten auf Kohlenhydrate und fettige Soßen. Abends können Sie dann mit Familie und Freunden essen.

Trinken sollte man gleich nach dem Aufstehen ein großes Glas Wasser, um den Wasserverlust in der Nacht auszugleichen. Tagsüber können Sie dann auf Mineralwasser, Fruchtsaftschorlen oder ungesüßte Tees umsteigen. Kaffee, am besten ohne Zucker und Milch, ist auch kein Tabu. Gewöhnen Sie sich an, immer ein volles Glas Wasser am Arbeitsplatz stehen zu haben, welches Sie innerhalb einer halben Stunde geleert haben sollten. So kommen Sie auf zwei bis drei Liter Wasser. Vor einem Meeting oder einem Workshop sollten Sie 20 bis 30 min vorher trinken. Sind Sie viel beruflich unterwegs, nehmen Sie eine Halbliterflasche mit.

Sport ist neben Ernährung einer der Bereiche, die Führungskräfte gerne vernachlässigen. Aber gerade in Zeiten höchster Anspannung sollten Sie sich möglichst viel bewegen, um der Entstehung von Stresshormonen und seelischen und geistigen Störungen vorzubeugen.

Wer glaubt, dafür keine Zeit zu haben, kann sich ja dazu entschließen, die Treppe zu benutzen. Dies kann man hervorragend mit dem Stil „management by walking around" kombinieren. So pflegen Sie einen besseren Kontakt zu Ihren Mitarbeitern und tun noch etwas Gesundes für sich. Viel Zeit muss für Sport auch nicht draufgehen: Planen Sie täglich 30 min ein, etwa Joggen oder Spazierengehen. Und diese Zeit holen Sie später wieder locker ein, sind sie nach Sport doch wesentlich kreativer. Sind Sie viel unterwegs, nutzen Sie Sportbereich, Saune oder Schwimmbecken von Hotels. Tragen Sie regelmäßige Sporttermine im Kalender ein. Melden Sie sich in einem teuren Fitnessstudio an – je mehr es kostet, desto eher sind Sie bereit, dort hinzugehen. Engagieren Sie einen persönlichen Fitnesstrainer.

Auch Entspannung sollten Sie nicht unterschätzen. Ein paar Minuten reichen aus, um sich wieder fit zu machen. Planen Sie sich diese genauso in den Terminkalender ein wie Sport. Generell unterschiedet man zwischen passiven Entspannungstechniken wie autogenes Training, progressive Muskelentspannung nach Jacobsen, Yoga, Tai-Chi und Massagen sowie aktiver Entspannung wie Joggen oder Aerobic.

Am besten kombinieren Sie Sport und Entspannung miteinander. Gehen Sie zwei- bis dreimal die Woche Joggen und an den anderen Tagen wählen Sie eine passive Entspannungstechnik.

Auch durch ausreichend Schlaf gewinnt man neue Energie. Sieben bis acht Stunden benötigt der Körper, um sich zu erholen. Auch sollten Sie regelmäßig Pause machen. Alle 90 min sollten Sie eine mindestens zehnminütige Pause machen. In amerikanischen Unternehmen kennt man das Prinzip des power naps: Das ist ein 15- bis maximal 30-minütiger Kurzschlaf zur Steigerung der Leistungsfähigkeit.

Die Umgebung hat viel mehr Einfluss auf unseren Energiehaushalt, als wir glauben. Daher ist es wichtig, dass man sich in seiner Umgebung und mit den jeweiligen Menschen wohl fühlt, sei es zu Hause oder unterwegs. Vor allem zu Hause können Sie natürlich optimieren. Stellen Sie sich in die Mitte eines jeden Raumes und drehen Sie sich langsam um die eigene Achse. Was sind die drei größten Punkte, die Sie nerven? Dinge, die erledigt, geändert oder repariert oder entsorgt werden müssen? Sorgen Sie für Ordnung, aber so, dass Sie nichts suchen müssen.

In Unternehmen kann man so etwas natürlich nur bedingt angehen, wenn man nicht gerade der Unternehmenschef ist. Aber auch hier können Sie für ein paar Annehmlichkeiten wie Bilder oder Blumen sorgen, die Ablagestruktur in Papier- und Dateiform optimieren, Büromaterial griffbereit ablegen. Mit der Lehre des „Feng Shui", also sich mit seiner Umgebung zu harmonisieren, können Sie es auch probieren.

Auch Filme und besonders Musik können Sie nutzen, um Energie zu gewinnen. Stellen Sie ihre ganz persönliche Musiksammlung auf Ihrem Handy zusammen, am besten in drei verschiedenen Musikkategorien. In „Entspannung" kommen Titel, bei denen Sie neue

Energie tanken – meist reichen 10–20 min aus. Auch „klassische Musik" bietet sich an. In der Kategorie „Rock" können Sie Lieblingslieder ablegen, die Sie begeistern, motivieren und schöne Erinnerungen in Ihnen wachrufen.

Unsere Bergtour

Je näher wir dem Gipfel kamen, desto eisiger pfiff uns der Wind ins Gesicht. Der Atem gefror und jedes Stückchen Haut, das aus unserer Montur herausschaute, war eisig kalt und taub. Zusätzlich brachte uns der stark böige Wind manchmal ein bisschen aus dem Gleichgewicht. Mehrmals sahen wir Kameraden vor uns wie ein Fähnchen im Wind wanken, sodass diese mit ihren Stöcken das Gleichgewicht wieder suchen mussten. Selbst wenn der Anstieg nicht so steil gewesen wäre, hätten wir in der Höhenluft nicht schneller gehen können. Keiner redete, alle stapften verbissen vor sich hin, jeder damit beschäftigt, als guter Bergsteiger zu funktionieren. Xaver sprach kurz mit Georg und sagte dann lachend zu uns: „Wenn wir auf dem Gipfel sind, ruhen wir uns aus, tanken Energie und packen dann den Abstieg in neuer Frische an!"

Richtig oder falsch diktiert uns die Moral; möglich oder unmöglich entscheiden wir und die Natur (Reinhold Messner).

10.9   Resultat – Am Ziel den Erfolg feiern

„Result", das bedeutet das Ergebnis eigener Entscheidungen und Handlungen. Im betriebswirtschaftlichen Kontext geben Kennzahlen Auskunft über das Erreichen vorher festgelegter Ziele, etwa Gewinn, Return on Investment oder Shareholder Value. Meist wird Erfolg gleichgesetzt mit einem positiven Ergebnis. Generell gilt, je mehr, desto besser. Bleibt der Erfolg aus oder bleiben die Kennzahlen gleich, gilt dies meist als Rückschritt oder Erfolgslosigkeit. Durchschnittliches Wachstum reicht offenbar nicht aus, langfristige Planungen treten in den Hintergrund, nur der kurzfristige Erfolg zählt.

Das Ergebnis kennt man aus den Zeitungen. Niedriglohnländer werden ausgebeutet, bis die Wirtschaft in diesem Land boomt und die Unternehmen sich das nächste Niedriglohnland aussuchen und wie die Heuschrecken weiterziehen. Die wahren Kosten, die eine solche Werkschließung inklusive Abfindungen der Mitarbeiter oder eine Verlagerung an einen neuen Produktionsstandort verursachen, bis das neue Werk produktiv arbeitet, werden immer erst dann gesehen, wenn sie auftauchen. Das allerwichtigste ist, mehr Profit zu erwirtschaften, ein Wir-Gefühl bei den Mitarbeitern entsteht dadurch natürlich nicht oder geht verloren, wenn es denn einmal bestand. Die Mitarbeiter fungieren nur noch als Funktionselemente in einer Gewinnmaximierungsstrategie und fühlen sich auch so.

Das quantitative „Mehr oder weniger" wird zum Maßstab des „Besser oder schlechter". Wer aber den Erfolg, gleichbedeutend mit Profit zum einzigen Sinn seiner Arbeit und des Lebens macht, geht ohne Erfolg kaputt und wird krank. Sachzwänge und Optimierungsprogramme haben sie vergessen lassen, was der eigentliche Sinn des Tuns ist.

Bei Maschinen würde so eine Denkweise reichen. Die produzieren Ergebnisse in Form von Produkten, bis sie ausgeschaltet werden. Wer aber als Mensch langfristig erfolgreich, gesund und zufrieden sein und bleiben will, für den hat die Bindung an bestimmte Werte und die Sinnhaftigkeit zentrale Bedeutung. Wir sind, was wir tun und ziehen all das im Leben an, was unseren täglichen Handlungen, Gedanken und Emotionen entspricht. Und gute Gedanken bewirken positive Reaktionen. Letztendlich wird der Erfolg eines Unternehmens das sein, was seine Mitarbeiter unter bestimmten Gegebenheiten und Rahmenbedingungen denken und auch tun. Hier zahlt sich Zutrauen und Offenheit durch die Führungskräfte aus. Denn letztendlich sind es die Menschen, die über den Erfolg eines Unternehmens entscheiden. Umso wichtiger, sie nicht als Sache zu begreifen, zu vereinheitlichen oder zu kontrollieren.

Mit der Performer-Methode können Führungskräfte herausfinden, was wirklich „wertvollen und nachhaltigen Erfolg" ausmacht und wie man durch einfaches Nachdenken und Nachsinnen Schritt für Schritt zu einer langfristig erfolgreichen Gesinnung und Führung kommt.

Unsere Bergtour

Der Berggipfel war zum Greifen nah. Es schien gar nicht mehr weit zu sein. „Los, lasst uns doch schneller gehen, dann kommen wir eher oben an", drängelte Bernhard. „Nein", antwortete Georg. „Es ist weiter als es aussieht, und wir müssen alle mit unseren Kräften haushalten, damit wir oben den Triumph genießen und feiern können! Und Sicherheit geht immer vor am Berg! Es sei denn, man heißt Reinhold Messner." „Ja", stimmte Xaver Georg bei. „Lieber nichts riskieren so kurz vorm Ziel. Es bringt ja rein gar nichts, wenn nur die Hälfte von uns oben ankommt. Den Gipfel besteigen wir als Winning Team!" Als wir die letzten Meter gingen, mussten wir wirklich sehr auf einen sicheren Tritt achten. Das Gelände war sehr ausgesetzt. Ein höheres Tempo wäre zwar schon möglich, aber gefährlicher gewesen. Als wir dann endlich das Gipfelkreuz erreichten, machten wir Selfies, Georg und Xaver beteuerten, wie stolz sie auf uns und die Teamleistung waren. Wir umarmten uns alle und jeder war glücklich, es wohlbehalten geschafft zu haben!

Abenteuer kommt aus dem lateinischen „advenire" und bedeutet Ankunft. Damit umgrenzt es seinen ganzen Inhalt. Nach einem richtig bestandenen Abenteuer ist man angekommen: bei sich selbst (Herbert Tichy).

Fazit

Ersetzt die Maschine den Menschen? Eine Angst, die weit verbreitet ist. Laut der These von Richard David Precht (Broy und Precht 2017) steht die Gesellschaft mit der Industrie 4.0 vor einer der weitreichendsten Veränderungen der Menschheit. „Business as usual" sei nicht mehr möglich ... War es bisher so, dass Berufe, die obsolet wurden, durch einen anderen ersetzt wurden, etwa der Hufschmied zugunsten des Automechanikers, würden heutzutage Menschen durch Maschinen abgelöst. Bis zu 50 % würden laut Precht keine Arbeit mehr haben – zumindest keine bezahlte. Laut der bahnbrechenden Oxford-Studie der renommierten Ökonomen Carl Benedikt Frey und Michael Osborne (2013) verlieren sogar im Lande von Facebook und Google aufgrund der Digitalisierung viele Akademiker ihre Jobs.

Wir Autoren aber sind uns sicher, dass der Mensch nicht ersetzbar, wohl aber ergänzbar ist! Natürlich gibt es Berufe, die verschwinden.

Ein Handeln in Menschlichkeit ermöglicht eine hohe Wirksamkeit in Verbindung mit Intuition und stetigem Respekt, wenn ein Unternehmen erfolgreich sein will. Für uns wird immer deutlicher, dass Menschlichkeit auch etwas mit Persönlichkeit zu tun hat. Nur Persönlichkeiten schaffen es, besonderes zu leisten. Egal ob Kammerlander, Meßner, Branson, Jobs, Guy Laliberte, etc. Habe ich verstanden, welche „Kräfte" auf mich einwirken und mich bewusst für die stete Entwicklung meiner Persönlichkeit entschieden, so bietet die Performer-Methode mit ihren 10 Attributen ein fundiertes „Geländer" auf diesem Weg. Unserer Meinung nach werden, bildlich gesprochen, künftig nur noch Persönlichkeiten im digitalen Zeitalter überleben. Wer nicht zur Persönlichkeit wird, authentische Menschlichkeit zeigt, wird vergleichbar und austauschbar. Und nicht vergleich- und austauschbar zu sein ist wichtig. Wir sind keine Maschine, die man einfach austauschen kann, wenn sie kaputtgeht. Geht der „XT 2000" kaputt, wird er repariert oder ersetzt. Hört ein Mensch auf zu leben, trauern wir und sagen oder schreiben, dass er unersetzbar bleiben wird.

Der Faktor Mensch wird also künftig in einem Unternehmen der Erfolgsfaktor sein. Dieses ändert sich auch nicht dadurch, dass Veränderungen in der Arbeitswelt eine Viel-

© Springer Fachmedien Wiesbaden GmbH 2018
P. Buchenau und C. Walter, *Chefsache Menschlichkeit*,
https://doi.org/10.1007/978-3-658-14662-7_11

zahl von Menschen derart konditioniert, dass sie sich ungebraucht, wertlos und sinnentleert fühlen. Wie gesagt – es ist vollkommen falsch, dieses Empfinden zu bagatellisieren. Empfindungen haben, heißt, menschlich zu sein. Vielmehr muss der Sinn und der Wertgehalt dessen, was wir Arbeit nennen, im Einklang mit der gesellschaftlichen und ökonomischen Entwicklung angepasst werden. Nicht der Mensch muss sich an die Arbeit anpassen, sondern die Arbeit an den Menschen. Die Arbeitsleistung jedes Menschen hängt in großem Maße davon ab, wie der Mensch zu seiner Arbeit steht und ob er in dem, was er tut, einen persönlichen Sinn findet. Nach außen erkennen wir das anhand der Glaubwürdigkeit, die das gesamte Unternehmen ausstrahlt. Natürlich könnte ein Unternehmen alle Mitarbeiter entlassen und Roboter einsetzen. Aber wäre das dann noch ein menschliches Unternehmen?

Eine Bergtour weist viele Parallelen mit dem menschlichen Leben auf, wie man mit Menschen umgeht. Nur mit einem Miteinander kann man den Berg besiegen. Im Unternehmen heißt das: Nur, wenn alle dem Thema Menschlichkeit verpflichtet sind, haben wir eine Chance, im digitalen Zeitalter zu überleben. Computer werden nicht heute und auch nicht in naher Zukunft Emotionen lesen und bewerten können – es sei denn, sie werden darauf programmiert. Wir können uns demzufolge von einer Maschine mit diesem, unserem Begriff der Menschlichkeit unterscheiden.

Wir gehen auf die gleichen Schulen, wir gehen auf die gleichen Universitäten, wir lernen überall das Gleiche – und wenn jeder das Gleiche lernt, ist er vergleichbar und somit austauschbar. Alles wird durch das Internet transparent, man bekommt viel mehr mit als früher, was andere machen. Deswegen ist die Hürde auch so gering, Dinge eins zu eins einfach zu stehlen oder nachzumachen – weswegen es so viel Konkurrenz gibt. Genauso kann man eine Geschäftsidee kopieren. Aber deine Marke, deine Persönlichkeit lässt sich nicht kopieren. Schlussendlich schlägt die „H-Cloud = human cloud" die „I-Cloud" (Abschn. 9.1). Noch besser ist es, dass Beste aus beiden Welten zu verbinden – dann sind wir für die Zukunft gerüstet. Es braucht die Maschine und auch den Menschen.

Wenn wir die „H-Cloud" und die „I-Cloud" verbinden, haben wir eine Überlebenschance. Dieser Schlüssel ist das, was Menschlichkeit ausmacht. Menschlichkeit oder Humanismus ist die Einzigartigkeit der „H-Cloud". Und wenn man Humanismus mit Digitalisierung sinnvoll ergänzt, dann willkommen in einer tollen neuen Welt! Das Ziel des Humanismus war ein friedvoller, gütiger und kultivierter Umgang. Ein großartiges Ziel auch für humanistische Performer.

Literatur

Broy, M., & Precht, R. D. (2017). Daten essen Seele auf. Die Digitalisierung wird zur vierten industriellen Revolution. Doch es fehlt eine gesellschaftspolitische Antwort. *Die Zeit, 5/2017*, 8.

Frey, C. B., & Osborne, M. (2013). The Future of Employment: How susceptible are jobs to computerisation? http://www.oxfordmartin.ox.ac.uk/downloads/academic/The_Future_of_Employment.pdf.

Über den Initiator der Chefsache-Reihe und die Autoren

Peter Buchenau gilt als der Indianer in der deutschen Redner-, Berater- und Coaching-Szene. Selbst ehemaliger Top-Manager in französischen, Schweizer und US-amerikanischen Konzernen kennt er die Erfolgsfaktoren bei Führungsthemen bestens. Er versteht es wie kaum ein anderer auf sein Gegenüber einzugehen, zu analysieren, zu verstehen und zu fühlen. Er liest Fährten, entdeckt Wege und Zugänge und bringt Zuhörer und Klienten auf den richtigen Weg.

Peter Buchenau ist Ihr Gefährte, er begleitet Sie bei der Umsetzung Ihres Weges, damit Sie Spuren hinterlassen – Spuren, an die man sich noch lange erinnern wird. Der mehrfach ausgezeichnete Chefsache-Ratgeber und Geradeausdenker (denn der effizien-

© Springer Fachmedien Wiesbaden GmbH 2018
P. Buchenau und C. Walter, *Chefsache Menschlichkeit*,
https://doi.org/10.1007/978-3-658-14662-7

teste Weg zwischen zwei Punkten ist immer noch eine Gerade) ist ein Mann von der Praxis für die Praxis, gibt Tipps vom Profi für Profis. Heute ist er auf der einen Seite Vollblutunternehmer und Geschäftsführer, auf der anderen Seite Sparringspartner, Mentor, Autor, Kabarettist und Dozent an Hochschulen. In seinen Büchern, Coachings und Vorträgen verblüfft er die Teilnehmer mit seinen einfachen und schnell nachvollziehbaren Praxisbeispielen. Er versteht es vorbildhaft und effizient ernste und kritische Sachverhalte so unterhaltsam und kabarettistisch zu präsentieren, dass die emotionalen Highlights und Pointen zum Erlebnis werden.

Die von ihm initiierte Chefsache Serie beschreibt wichtige Führungsthemen der sogenannten Ebene 2. Dies sind hauptsächlich die weichen zusätzlichen Erfolgsfaktoren abseits von Umsatz, Finanzen und rechtlichen Gegebenheiten. Als Zielgruppe sind hier Kleinunternehmer, Vorgesetzte und Inhaber in mittelständischen Unternehmungen sowie Führungskräfte in Konzernen angesprochen.

Mehr zu Peter Buchenau unter www.peterbuchenau.de.

Über den Autor Claus Walter

Nach einem schweren Burnout ist Claus Walter durch ebenso unterschiedliche wie vielfältige medizinische und therapeutische Maßnahmen, Selbstreflexionen und Ausbildungen den Weg zurück in die Gesundheit gegangen. Dies motivierte ihn zu einer intensiven Erforschung der erlebten Methoden und ihrer Wirkungen, verknüpft mit dem tiefen Wunsch, eine Vorgehensweise zu finden, die nachhaltiger und schneller den Weg aus einer Erschöpfung weist.

Er war bis 2010 als Experte für Business Development, Produkt- und Innovationsmanagement sowie Marketing für internationale Technologiefirmen tätig. Veranlasst durch sein eigenes Burnout, entwickelte er innerhalb von zwölf Jahren eine hocheffektive Methode: das Herz-Resonanz-Coaching. Es basiert auf den Wirkungen und Erkenntnissen der Herz-Resonanz, der Kohärenz und der Quantenphysik, die von führenden Naturwissenschaftlern nachgewiesen sind. In den letzten sieben Jahren haben über 500 Personen erfolgreich dieses Coaching durchlaufen. Die Erkenntnisse aus den Coachings nutzte er um daraus Lösungsmodule für das Betriebliche Gesundheitsmanagement und für die Führungskräfte- und Persönlichkeitsentwicklung zu entwickeln. Als Spezialist für Change Management, Konfliktlösungen und Gesundheitsmanagement gelingen dank der Methodik Turnaround-Prozesse nachhaltig und in viel schneller Zeit. Sein Unternehmen ist ein zertifiziertes Beratungsunternehmen für Betriebliches Gesundheitsmanagement bei Gesundheitsförderung Schweiz.

Mehr zu Claus Walter unter www.cforc.biz oder herzresonanzcoaching.com.

Ihr Bonus als Käufer dieses Buches

Als Käufer dieses Buches können Sie kostenlos das eBook zum Buch nutzen.
Sie können es dauerhaft in Ihrem persönlichen, digitalen Bücherregal
auf **springer.com** speichern oder auf Ihren PC/Tablet/eReader downloaden.

Gehen Sie bitte wie folgt vor:

1. Gehen Sie zu **springer.com/shop** und suchen Sie das vorliegende Buch
   (am schnellsten über die Eingabe der eISBN).
2. Legen Sie es in den Warenkorb und klicken Sie dann auf:
   zum Einkaufswagen/zur Kasse.
3. Geben Sie den untenstehenden Coupon ein. In der Bestellübersicht wird
   damit das eBook mit 0 Euro ausgewiesen, ist also kostenlos für Sie.
4. Gehen Sie weiter **zur Kasse** und schließen den Vorgang ab.
5. Sie können das eBook nun downloaden und auf einem Gerät Ihrer Wahl lesen.
   Das eBook bleibt dauerhaft in Ihrem digitalen Bücherregal gespeichert.

EBOOK INSIDE

eISBN
Ihr persönlicher Coupon

Sollte der Coupon fehlen oder nicht funktionieren, senden Sie uns bitte
eine E-Mail mit dem Betreff: **eBook inside** an **customerservice@springer.com**.

Zeitfracht Medien GmbH
Ferdinand-Jühlke-Straße 7
99095 Erfurt, Deutschland
produktsicherheit@kolibri360.de